日経文庫
NIKKEI BUNKO

まるわかり ChatGPT＆生成AI

野村総合研究所［編］

日本経済新聞出版

まえがき

ＣｈａｔＧＰＴがブームになっています。プライベートでも、ビジネスでもさまざまな分野での活用が話題です。しかし、ＣｈａｔＧＰＴはサービスの1つにすぎません。本質的な変化は「生成ＡＩ」の登場であり、本書では、ＣｈａｔＧＰＴと生成ＡＩのすべてがわかるように整理しています。

「この絵は生成ＡＩで描きました」「生成ＡＩでこんな作詞ができます」「生成ＡＩの国際ルールを議論」など、いつの間にか、生成ＡＩという言葉が使われるようになりました。ＡＩ（人工知能）ですら、なんとなくのイメージしかないのに、生成ＡＩという言葉が当たり前のように使われていることに違和感を持っている人も多いでしょう。それでも、生成ＡＩは、あっという間にビジネス改革のキーワードとして注目されるようになっています。

今までのＡＩと何が違うのか、何が生成できるのか、どうやって生成するのかなどの疑問を持っている人も多いことでしょう。本書では、このような疑問に対して、わかりやすく解説しています。ＡＩについての基本知識がない方や、ＣｈａｔＧＰＴを使ったことがない方でも、ゼロから理解できるように説明しました。また、生成ＡＩを少しだけ使ったことがある方も、技術的な背景や、これからのトレンドなどを理解していただけるようにしています。

第1章では「生成ＡＩが変える未来」として、生成ＡＩの定義や、従来のＡＩとの違いを整理して、将来がどう変わっていくのかを述べています。

第2章は、生成ＡＩの代表である「ＣｈａｔＧＰＴの全貌」をわかりやすく、具体的に紹介しました。

第3章「ＡＩの進化と生成ＡＩ」では、ＡＩの技術的な側面や歴史について簡潔にまとめ、生成ＡＩに対する理解を深めてもらえるようにしました。

第4章「生成ＡＩで変わるビジネス」ではビジネス上の使い方や可能性、続く第5章「ＡＩ技術の発展に伴う課題と対応」ではＡＩ全般の課題や規制など、生成ＡＩを実際に活用する際のポイントについて、最新の情報をもとに記述しています。

第6章は「日本企業の動向とこれからの生成ＡＩ」として、日本の政府・団体・企業における生成ＡＩへの取り組み状況を整理するとともに、最後に生成ＡＩの将来を予測しています。

テクノロジーには強くないけれどなんとなく生成ＡＩに興味を持っている方、実際の活用を積極的に考えていたり、上司から利用しろといわれたけれど何から始めればよいのかわからないビジネスパーソンのみなさん、ＡＩ関連の企業への就職を考えている学生など、幅広い方々にお読みいただける内容になっています。

生成ＡＩでビジネスが大きく変わることは間違いありません。エクセルやパワーポイントのように生成ＡＩをビジネスで使いこなす時代がこれからやってきます。本書が、生成ＡＩを積極的に使いこなすきっかけになればと思います。

２０２３年７月

(株)野村総合研究所　未来創発センター　塩崎潤一

目次

第1章 生成AIが変える未来

第2章 ChatGPTの全貌

第3章 AIの進化と生成AI

第4章 生成ＡＩで変わるビジネス

第5章 ＡＩ技術の発展に伴う課題と対応

第6章 日本企業の動向とこれからの生成ＡＩ

第1章

生成AIが変える未来

1 急速に拡大する生成ＡＩ

生成ＡＩとは

ＣｈａｔＧＰＴの誕生により「Generative AI：ジェネレーティブＡＩ」（生成ＡＩ、または生成系ＡＩ）という言葉が注目されるようになってきました。「Generative」という単語は、生産または発生することができるという意味です。「Generative AI」とは、何かを生成することができるＡＩといえるでしょう。

生成ＡＩについての厳密な定義はありませんが、「さまざまなコンテンツを生成できる人工知能（ＡＩ）」または「さまざまなコンテンツを生成する学習能力がある人工知能（ＡＩ）」といえます。人工知能（ＡＩ）の1つの種類ではありますし、結果として何かを生成できるだけではなく、生成するために学習することができることが特徴です。たとえば、ＣｈａｔＧＰＴであれば、条件に応じた文章を生成することができますし、新たなデータを入力して学習することができ、生成する文章の精度を高めることができます。

どのようなものを生成できるのでしょうか。文章（テキスト）、画像、音声、音楽、動画、プログラムコードなどが有名です。文章といっても、ウェブ上にある情報から、条件に応じた内容を検索して表示するのではありません。さまざまな情報を組み合わせて、新しい文章を生成することができます。たとえば、メールの文案、論文、ポエム、歌詞などを生成することができるのです。同様に、画像や音楽についても、既存の作品からの抜粋・組み合わせではなく、新しいコンテンツを生成できます。

変わったところでは、プログラムコードを生成することも可能です。自分が作成したいコンピュータープログラムの内容を文章で入力することで、プログラムコードを生成することができます。プログラミングやシステム開発のためには、正しく稼働しているのかを確認するためにテストデータが必要です。ランダムに発生させたテストデータでは、正しく稼働できているのかを確認できないため、ある程度、現実味のあるデータが求められ、構造化されたデータを作り出す生成ＡＩもあります。

従来のＡＩと生成ＡＩの違い

このように生成ＡＩを定義・説明しても、従来から言われているＡＩとは何が違うのかという疑問が生まれるでしょう。生成ＡＩは、その名の通り、ＡＩ（Artificial Intelligence：人工知能）の一種であり、広義のＡＩの中に含まれます。それでも生成ＡＩという言葉が注目されるようになった理由としては、生成ＡＩが出てくる前のＡＩ（ここでは、従来のＡＩと呼ぶ）とはいくつかの違いがあることが挙げられます。違いを整理したものが図１－１です。

従来のＡＩでも、データに基づいて学習をし、その結果に基づいて予測を行い、アウトプットを出力します。出力されるものは、数値のデータや、テキストデータなど、構造化されたものが多く、新しい形で創造されたものではありません。従来のＡＩの場合は、決められた行為の自動化が目的であり、そのために必要な出力が主な役割でした。一方で生成ＡＩの場合は、新しいコンテンツを創造することを目的としています。両者とも学習に使うアルゴリズムはニューラルネットワークですが、目的が異なるため、学習するためのデータの種類・形式が異なります。

図1-1　従来のAIと生成AIの違い

	従来のAI	生成AI
領域	特定や予測	創造
ビジネスインパクト	決められた行為の自動化	新しいコンテンツの生成
学習データ	具体的なデータセット	構造化されていないデータセット
学習の視点	情報の整理・分類・検索	パターンと関係を学習
学習アルゴリズム	ニューラルネットワーク	ニューラルネットワーク
出力の特徴	構造化されたもの	非構造化形式
出力例	データ	文章、画像、音声

出所）野村総合研究所

従来のＡＩと生成ＡＩの厳密な境目はないため、両方の特性を持ったアプリケーションやモデルも存在しています。ここでは、厳密な定義の違いを言いたいわけではありません。従来のＡＩの考え方と対比することで、生成ＡＩの特徴をイメージしてもらえればと思います。それまでのＡＩと比べて、生成ＡＩは「創造性」という領域を意識したものなのです。

なぜ今、生成ＡＩが注目されているのか

最近になって生成ＡＩが注目されるようになった理由としては、ＣｈａｔＧＰＴをきっかけとしたいくつかの要因があります。

１つ目は「精度」の向上です。従来から、何かしらのコンテンツを創造するアプリケーションは存在していましたが、その精度の低さのため使われていませんでした。ＣｈａｔＧＰＴを使ったことがある人はわかると思いますが、出力される文章の表現は自然であり、内容についても正しいものが出力されることが多いです。まだ、１００％の精度ではありませんが、ビジネスなどで使えるレベルまで向上しているといえるでしょう。ミッドジャーニー（Midjourney）やステーブルディフュージョン

（Stable Diffusion）というアプリケーション（詳細は後述）では、自然で魅力的な画像を生成でき、ウェブ画面のデザインなどでは十分に活用することができます。

2つ目に、精度向上の背景にある「学習量」の多さです。生成ＡＩは、さまざまなデータをもとに学習し、新しいコンテンツを生成しています。コンピューター能力の進化などもあり、学習するためのデータ量が飛躍的に拡大し、モデルの精度が高まりました。

3つ目は生成するために必要な「スピード」が速くなったことです。コンテンツを生成するために学習する時間は莫大ですが、一方で、アプリケーションなどを用いて、条件を入力し、条件に応じた文章を出力することや、画像を描くための時間は格段に短くなりました。背後では複雑な処理をしているにもかかわらず、学習モデルやアプリケーション側の工夫により、ビジネスで使うには十分な速さでアウトプットがでるようになりました。

4つ目は「使いやすさ」が挙げられるでしょう。ＣｈａｔＧＰＴなどのアプリケーションは、誰でも簡単に使うことができ、特にマニュアルなどを見なくても、簡単に条件を入力することができます。優れた生成ＡＩのアプリケーションでは、対話型で条件を入力することができ、万人にとって使いやすくなっています。単純ではありますが、優れたユーザーインターフェースにより、利用が急速に進み、生成ＡＩが浸透するようになったといえます。

５つ目として、生成ＡＩで扱う「コンテンツの種類の多さ」が挙げられます。テキスト、数値、プログラムコード、音声、映像など、さまざまなコンテンツが扱われています。学習するための情報は、テキスト、数値、画像など、個々に扱われてきましたが、近年は異なる種類の情報も同時に、組み合わせて処理できるようになりました。テキストで条件を入力して、その条件にあった画像を生成することができます。文章や数式、図からなるテスト問題を解く（文章で正解を記載する）こともできるようになりました。

複数種類のデータを関連付けて処理・学習することをマルチモーダルといいます。完全なマルチモーダルになるためには、まだ時間が必要ですが、情報の種類という垣根はなくなりつつあります。

コラム

コラム　これだけは知っておきたい生成ＡＩの基礎用語

生成ＡＩに関連して頻出する専門用語について簡単に整理しておきましょう。ここにある用語を理解していれば、生成ＡＩの詳細をスムーズに学ぶことができます。

ファウンデーションモデル（Foundation model ＝ＦＭ：基礎モデル、基盤モデル）

データから背景にあるルールを学習し、得られた結果を出力する仕組みやアルゴリズムのことをモデルといいます。ファウンデーションモデルは「基盤モデル」といわれ、大量なデータで学習された、下流のタスクに適応できるように設計されているモデルのことです。ただ単に大量データで学習しただけではなく、下流の具体的なタスクを意識した汎用性の高いモデルのことを指します。

たとえば、大量のテキストデータで学習した基盤モデルを活用して、翻訳、質問応答、感情分析などの具体的なタスクを行います。基盤モデルがあることで、各タスクの目的に応じて、追加で学習させる負荷が少なくてすみます。

マシンラーニング（Machine learning：機械学習）

データを分析する方法の1つで、データから、「機械」（コンピューター）が自動で「学習」し、データの背景にあるルールやパターンを発見する方法です。学習した成果に基づいて予測・判断することができ、人工知能（AI）の基本となる部分です。

ニューラルネットワーク（Neural network）

機械学習における手法の1つで、人間の脳の神経回路（ニューロン）の構造をもとに、データの関係・構造を表現する方法のことです。脳の構造を模した数理モデルを使うことによって、単純な分類や回帰ではないデータ分析が可能となり、データの関係性を表す精度が高まるようになりました。

ニューラルネットワークの中でも、構造をさらに多層的にすることで、より正しいルールを見つけようという考え方が「ディープラーニング（深層学習）」です。

ディープラーニング（Deep learning：深層学習）

機械学習の一部で、データの背景にあるルールやパターンを学習するために、多層的（ディープ）に構造で考える方法です。一般的なデータ分析は、入力データ（インプット）と出力データ（アウトプット）の関係を直接分析しますが、ディープラーニングは、中間層と呼ばれる構造を設け、さらに多層化することで、データの背景にあるルールやパターンを考えることができます。画像、テキスト、音声などの非構造化データから学習する場合に特に効果的です。この手法を用いることで学習モデルの精度が向上し、ＡＩが現実的に利用できるものになりました。

MLOps

機械学習（ＭＬ）と、運用（Operations）を組み合わせた造語で、機械学習された結果をシステムとして実現するための概念や手法のことです。機械学習をシ

ステムの中に取り込み、サービスを提供したり、システムを維持・管理すること
です。

大規模言語モデル（Large language model：LLM）

言語モデルとは、人間が話したり書いたりする言葉を単語の出現確率でモデル化したものです。大規模言語モデルは、非常に巨大なテキストのデータセットと、ディープラーニング技術を用いて構築された言語モデルです。「大規模」とは、従来の言語モデルと比べ、「計算量」「データ量」「パラメータ数」という3つの要素を大幅に増やしてモデルが構築されています。大規模言語モデルは、人間に近い流暢な会話が可能であり、自然言語を用いたさまざまな処理を高精度で行うことができます。

ファインチューニング（Fine-tuning）

データをもとに学習したモデルをもとに、別のデータセットを使って、追加で学習させることです。目的となるタスクの精度を高めるために、追加のデータセ

ットを用意して学習させることで、機械学習モデルのパラメータを微調整します。たとえば、既存の言語モデルに、法律関連の用語・文章を追加で学習させて、法務業務における機械学習の精度を向上させるなどがあります。一般的に、追加での学習は、事前の学習よりも、データ量、時間などが少なく、パラメータに与える影響が小さいため「微調整（ファインチューニング）」と呼ばれています。

構造化データ（Structured data）

構造化されたデータのことで、たとえば、行と列を持つ表形式であったり、データベースとして整理されたデータを指します。構造化されているため、検索、集計、比較などが行いやすく、機械学習モデルで学習する場合にも簡単に実施できます。

非構造化データ（Unstructured data）

一貫した形式や構造がなく、データの種類もテキスト、画像、音声など多様な形式のデータです。機械学習モデルで学習させるためにも、高度な技術が求められます。しかし、日常の業務で入手できるデータ（eメール、契約書、画像、動画、音声、デザイン、センターのログなど）の多くは非構造化データであり、AIを構築するためには、これらのデータを分析・学習できる環境を築くことが重要です。

マルチモーダル（Multimodal）

機械学習で取り扱うデータについては、従来は、言語を扱う言語モデル、画像を扱う画像分類モデル、音声を扱う音声認識モデルというように、一種類のデータ形式で考えることが多くありました。近年は、違う種類のデータを同時に扱うことも増え、それをマルチモーダルと呼んでいます。学習モデルの入力、出力とともに、マルチモーダル化が進んでおり、より人間の感性に近い形でモデル開発が進んでいます。

ＡＰＩ（Application programming interface）

外部の学習モデル、データセット、ソフトウェアなどにプログラムでアクセスする方法のことです。公開されている基盤モデルを自社のアプリケーションに組み込む場合に、ＡＰＩによりアクセスをします。生成ＡＩでは基盤モデルを活用して、最終的なサービスを行うことが多いため、ＡＰＩの役割が重要です。

プロンプトエンジニアリング（Prompt engineering）

生成ＡＩにおいて、ユーザーが欲しい結果（テキスト、画像、プログラムコードなど）を得るために、質問や命令などの入力を工夫・調整する必要があります。適した出力を得るためには、適した入力が求められ、入力するプロンプトを設計、改良、最適化するプロセスをプロンプトエンジニアリングといいます。

ＧＰＵ（Graphics processing unit）

もともとは画像処理を行う装置で、パソコンのグラフィックボードなどに使われていたものですが、並列計算処理を得意としています。GPUは、CPU（中央処理装置）のように複雑で多様な処理はできませんが、並列処理が得意なため、同じような計算を高速で繰り返すことができます。この処理性能が、高速な並列処理を求められるディープラーニングに向いているため、AIの開発においてGPUが広く活用されています。

生成AIが拡大する要因

生成AIに関連する市場規模は、米国の調査会社であるmarket.usが発表した結果によれば、2022年では世界全体で106億ドル（約1・3兆円）と推計されています。さらに今後は、年間平均成長率は30％を超えて、2032年には1519億ドル（約20兆円）に達すると予測しています。

生成AIの市場が拡大する要因としては、はじめに、生成AIをビジネスに活用しようとする企業が増加することが挙げられます。現在、様子見をしている企業も、業務の効率化、生産性の向上などの身近な業務改善のために利用するようになるでしょう。さらに、広告コンテンツの作成、マニュアルやユーザーガイドの作成、顧客分析など、より創造性の高い業務においても生成ＡＩを利用するようになることが考えられます。生成ＡＩを利用する企業の裾野が広がり、また、利用する頻度・量・質も拡大していくといえます。

次に、市場が拡大する要因としては、生成ＡＩに関するソフトウェア、アプリケーション、サービスなどの充実が考えられます。ＣｈａｔＧＰＴなどのように、ユーザーが生成ＡＩを使うためのツールが充実していくでしょう。クラウドベースの生成ＡＩサービスが充実することで、企業は高価なハードウェアやインフラに投資することなく、強力な生成ＡＩツールやリソースを利用することができます。提供側のサービスが充実することで生成ＡＩの市場がさらに拡大するといえます。

３つ目に、生成ＡＩの基礎技術、基盤モデルが向上することが考えられます。ＣｈａｔＧＰＴのもとになる基盤モデルがＧＰＴ－３から、新たにＧＰＴ－４になることで、文章生成などの能力・精度が向上しました。先進的なＩＴ企業は、積極的に基盤モデルの開発を進めており、今後、さらに精度の高い基盤モデルができることが期待されます。

ニューラルネットワークの導入により大幅に改善した学習モデルも、さらに精度高く学習できるアルゴリズムが導入される可能性もあります。学習に使用するデータ量をさらに拡大させることで、精度を高めることもできるでしょう。生成ＡＩの導入について、精度がネックだった企業にも浸透するようになると考えられます。

生成AIのキープレイヤー

拡大する生成ＡＩの分野において注目すべき企業・組織を整理したものが図１－２です。生成ＡＩの基盤モデルを構築する企業、基盤モデルを活用したアプリケーションやサービスの開発をしている企業などがあります。生成するコンテンツもテキスト、画像、データなどさまざまで、幅広い分野で生成ＡＩの活用が検討されていることがうかがえます。

今後の生成ＡＩの動向をキャッチアップするためには、これらの企業からの情報発信を注意するとよいでしょう。めまぐるしく進化する生成ＡＩに対応するためにも、最新の情報を更新し続けることが必要です。

図1-2　生成AIに関連したキープレイヤー

企業名	生成AIにおける活動
Adobe Inc.	● 商用利用に特化した画像生成 AI「Adobe Firefly」を展開 ● クラウドサービスから直接利用でき、ユーザーによる画像生成のトレーニングが可能
Amazon Web Services Inc.	● プロンプトに応じてテキスト・画像・データを生成する「Amazon Bedrock」を展開 ● AWS上から各種モデルにアクセス可能
D-ID	● テキストから動画やデジタルヒューマンを生成できるようにするソリューションを提供 ●「Deep Nostalgia」や「chat.D-ID」などを開発
Google LLC	● オリジナルのテキストを生成できる対話型人工知能ツール「Bard」を提供 ●「Gmail」や「Google ドキュメント」などのサービスに下書きや要約などの機能
IBM Corporation	● 生成AIをビジネスで活用するプラットフォーム「IBM watsonx」を提供 ● 生成AI機能、基盤モデル群、特定用途向けデータ、AIガバナンスツールなど
Meta Platforms Inc.	● 静止画や数行のテキストから、ユニークな動画を生成 ● インスタグラムやフェイスブックなどに組み込まれる可能性
Microsoft Corporation	● ChatGPTとプラグインを共通化して生成AIの自社製品「Copilot」に導入 ● Microsoft 365やBingチャットなどで利用可能
MOSTLY AI Inc.	● 分析や開発に活用できるリアリティのある「合成データ」をAIで開発 ● 特定のユーザーに遡ることが出来ないデータを合成しプライバシーを保護
OpenAI	●「ChatGPT」や大規模言語モデル「GPT-4」などを開発したAI研究団体 ● 入力された画像やテキストから3Dモデルを自動生成するAI「Shap-E」を展開
Rephrase.ai	● テキストからセールストークなどの動画を自動作成 ● アプリ内へのサービス実装をAPI経由で対応
Synthesia	● 映像制作機器を用いることなく、ソフトウェアを使って手早く動画を制作可能 ● ユーザー自身をアバターとした動画制作が可能

出所）野村総合研究所

2 日本における生成AIの浸透状況

生成AIの認知率

「生成AI」という言葉は、どれぐらい浸透しているのでしょうか。

野村総合研究所では、日本人の一般就労者を対象に「AIの導入に関するアンケート調査」を行いました。調査は、2023年5月にインターネットを使って、パート・アルバイトを除く就労者20～60代を対象に実施しました。回答数は2421名で、性・年代別に均等割付をしています。本節では、この調査結果をもとに、日本人の現状を整理します。

「生成AI」という言葉の認知率を調査した結果が図1－3です。

日本人の一般就労者でみた場合に、「生成AI」の認知率は50・5%となっています。全体的に男性における認知率が高くなっていますが、年代別に大きな差は見られ

図1-3 「生成AI」の認知率

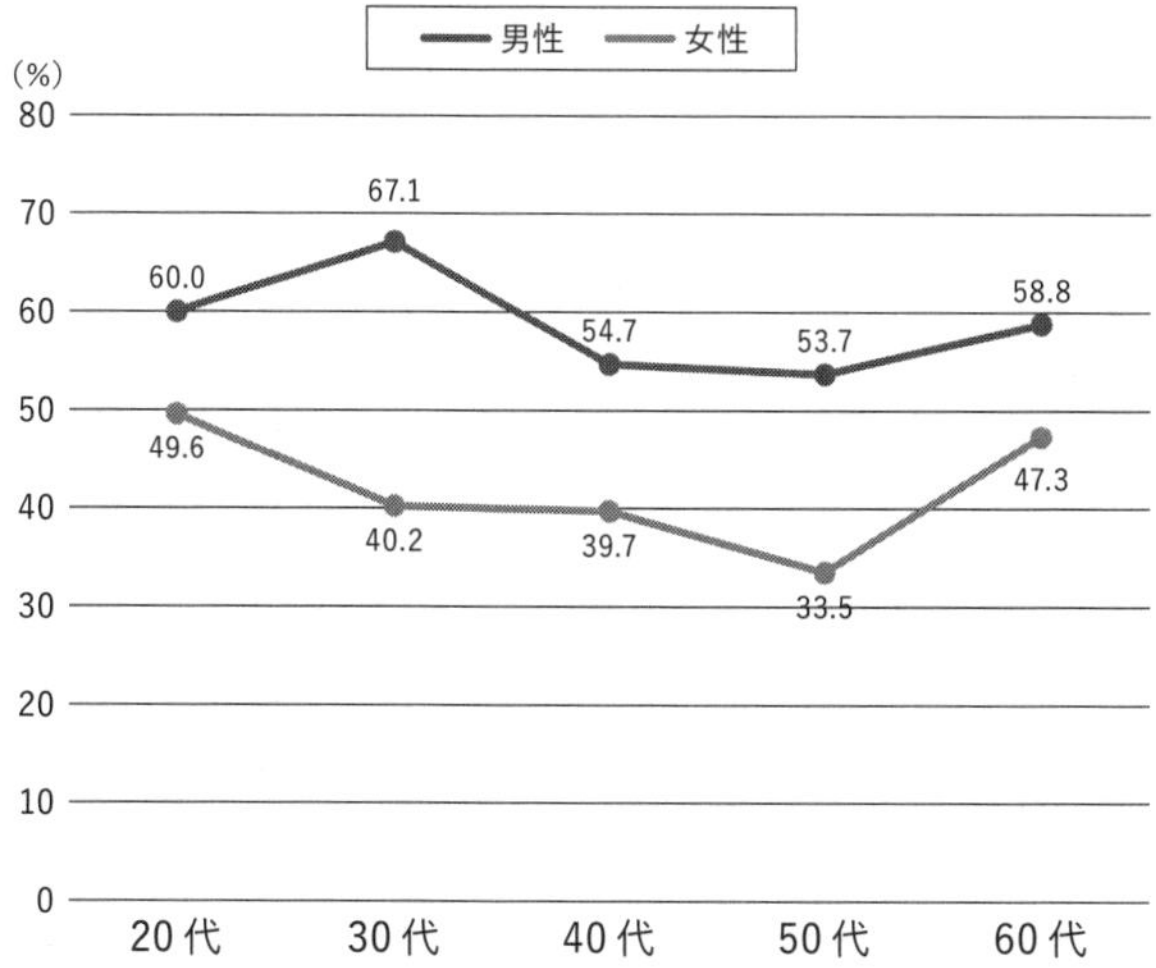

注）「生成AI」という言葉を、「確かに知っている」または「聞いたことがある」割合
出所）「AIの導入に関するアンケート調査」（野村総合研究所、2023年5月）

ません。女性の場合は、20代から50代にかけては、年齢が高いほど認知率は減少傾向にあり、若年層の方が認知している割合が高くなっています。女性の60代では認知率が高い傾向にあります。

ＣｈａｔＧＰＴは２０２２年11月30日に提供が開始されました。「生成ＡＩ」という言葉が、使われ始めるようになったタイミングも同時期ですから、わずか半年で、日本における「生成ＡＩ」の認知率は5割程度まで高まったといえます。

マイナスのイメージがあるＡＩ

一般的なＡＩに対するイメージを調査した結果が図１－４です。「業務効率・生産性を高める」（46・２％）というイメージが高い一方で、「仕事を奪う」イメージも22・１％あります。「なんとなく怖い」や「不安である」というイメージを持っている人もおり、日本人の就労者にとって、ＡＩは必ずしもプラスのイメージだけというわけではないようです。

今後、生成ＡＩが浸透することで、具体的に業務でＡＩを使うようになると、ＡＩがより身近になってイメージが変わる可能性もあるでしょう。漠然と「ＡＩで仕事が

図1-4 「AI(人工知能)」のイメージ

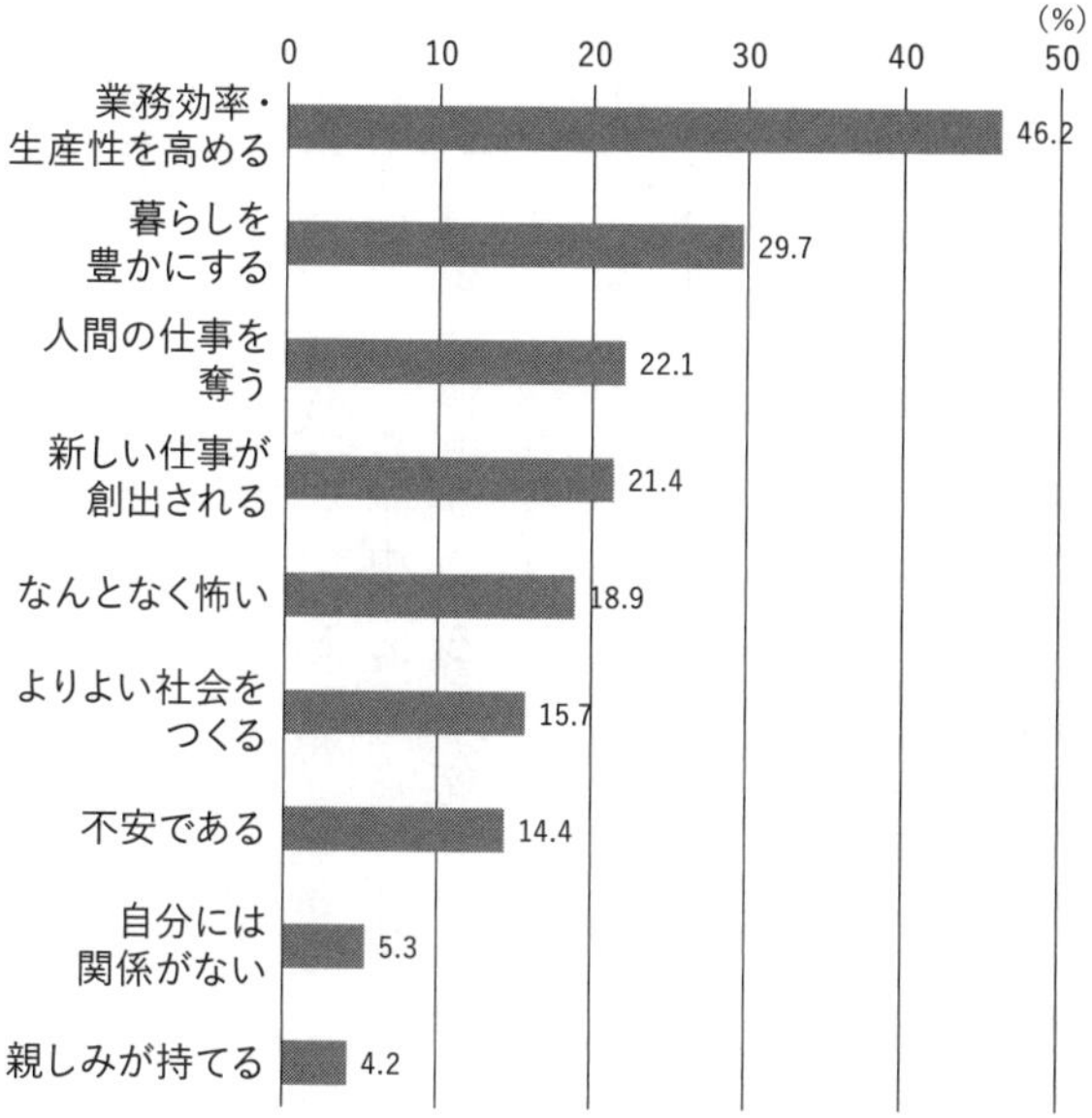

出所)「AIの導入に関するアンケート調査」(野村総合研究所、2023年5月)

なくなる」と恐れるのではなく、人間がやるべき仕事を見極めていくことが重要です。

業種で差がある生成ＡＩの導入

会社の業務の中で、生成ＡＩは、どれぐらい導入されているのでしょうか。自身の仕事における業務の中で、生成ＡＩの実際の導入状況をみると、実際に業務で利用している割合が３・０％、トライアル中が６・７％、使用を検討中が９・５％となっています（図１－５）。今後の利用も含めると、就労者の2割程度で生成ＡＩが業務に利用されるようになりそうです。

また、業種別の生成ＡＩの導入状況と、導入可能性を整理したものが図１－６です。横軸に、生成ＡＩを現在利用しているか、または、実際に利用のトライアル中の割合をとり、縦軸に今後の利用している割合をとったグラフです。全体としては右肩上がりの直線になるため、現在導入が進んでいる業種では、今後も生成ＡＩを導入する企業が増加する傾向にあるといえるでしょう。特に、ＩＴ・通信や、教育・学習の業種では、生成ＡＩの導入率も高く、今後も普及していきそうです。

現在の導入率は低いものの今後の導入が拡大しそうな業種としては、建築・土木、

図1-5 「生成AI」の業務への導入状況

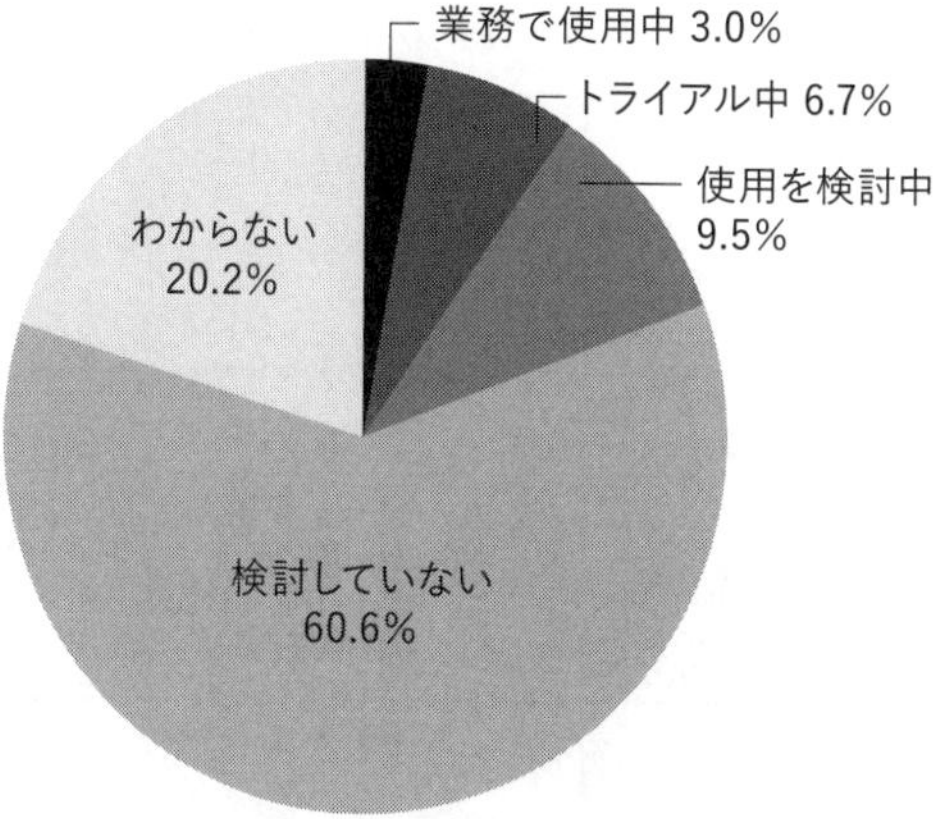

出所）「AIの導入に関するアンケート調査」（野村総合研究所、2023年5月）

図1-6 「生成AI」の業務への導入（業界別）

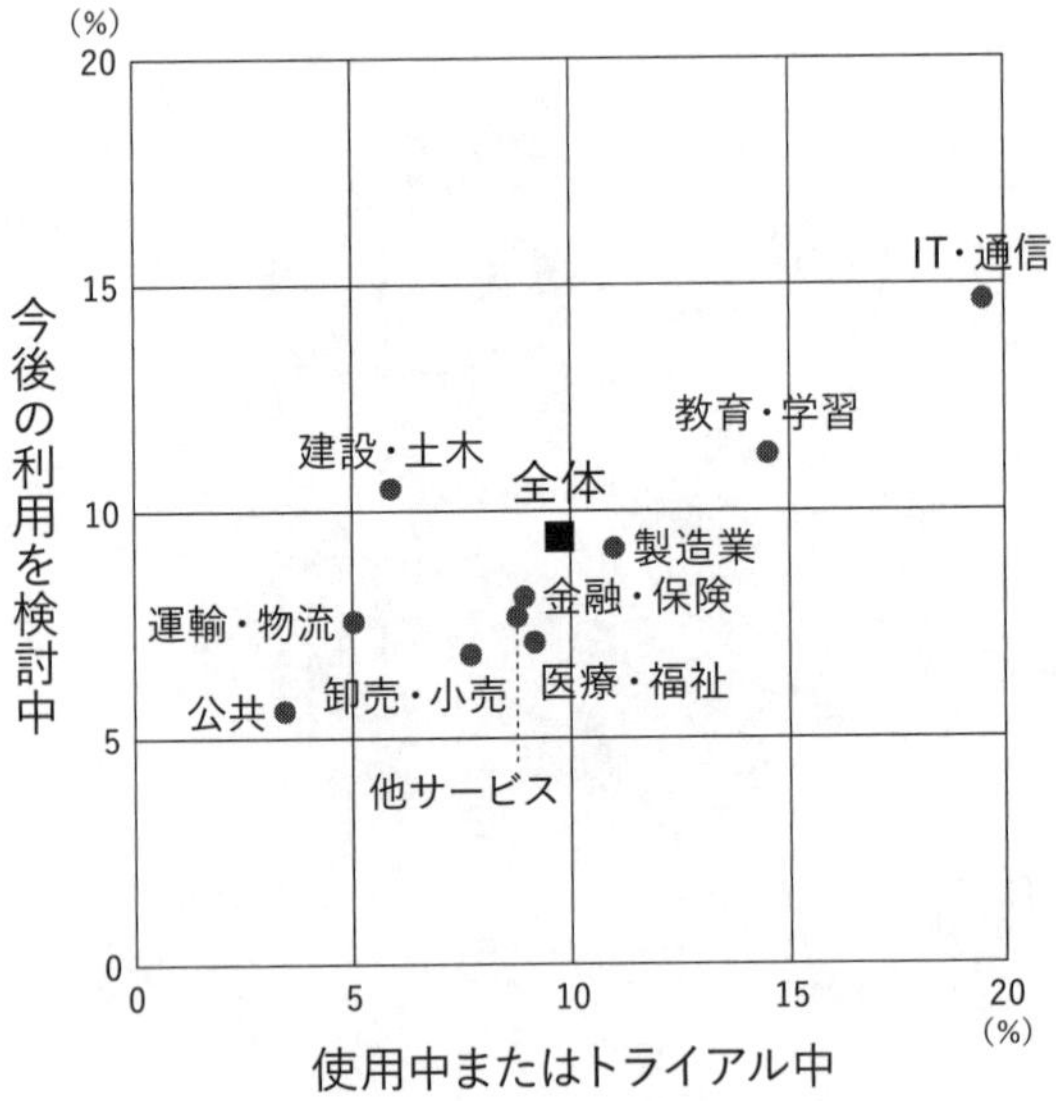

出所）「AIの導入に関するアンケート調査」（野村総合研究所、2023年5月）

運輸・物流、公共などの業種があります。これらの業種は現在の導入率は低いものの、今後は、現在の導入率以上に、急速に生成ＡＩの利用が拡大していくものと考えられます。

日常業務のサポートから創造的業務へ

具体的に生成ＡＩを利用している業務内容と、今後利用できると考えている業務内容を整理したものが図１－７です。テキスト、メール、プログラム、画像など、生成できるコンテンツ別に利用状況を整理しています。

現状で導入が進んでいる業務としては「挨拶文などの原稿作成」「記事やシナリオ作成」などのテキストのアウトプットが圧倒的です。創造性のあるコンテンツを生成するというよりは、簡単な出力結果を業務に活用しているのが現状のようです。

今後の活用可能性と、現状の利用状況の差をみることで、利用が増加すると考えられる生成ＡＩの活用方法がわかります。同じテキストの生成の中でも、「マニュアル作成」や「議事録の作成」などに対する期待が高くなっており、現状の使い方よりは、より深い業務の支援における活用が期待されています。

図1-7 「生成AI」利用の業務内容

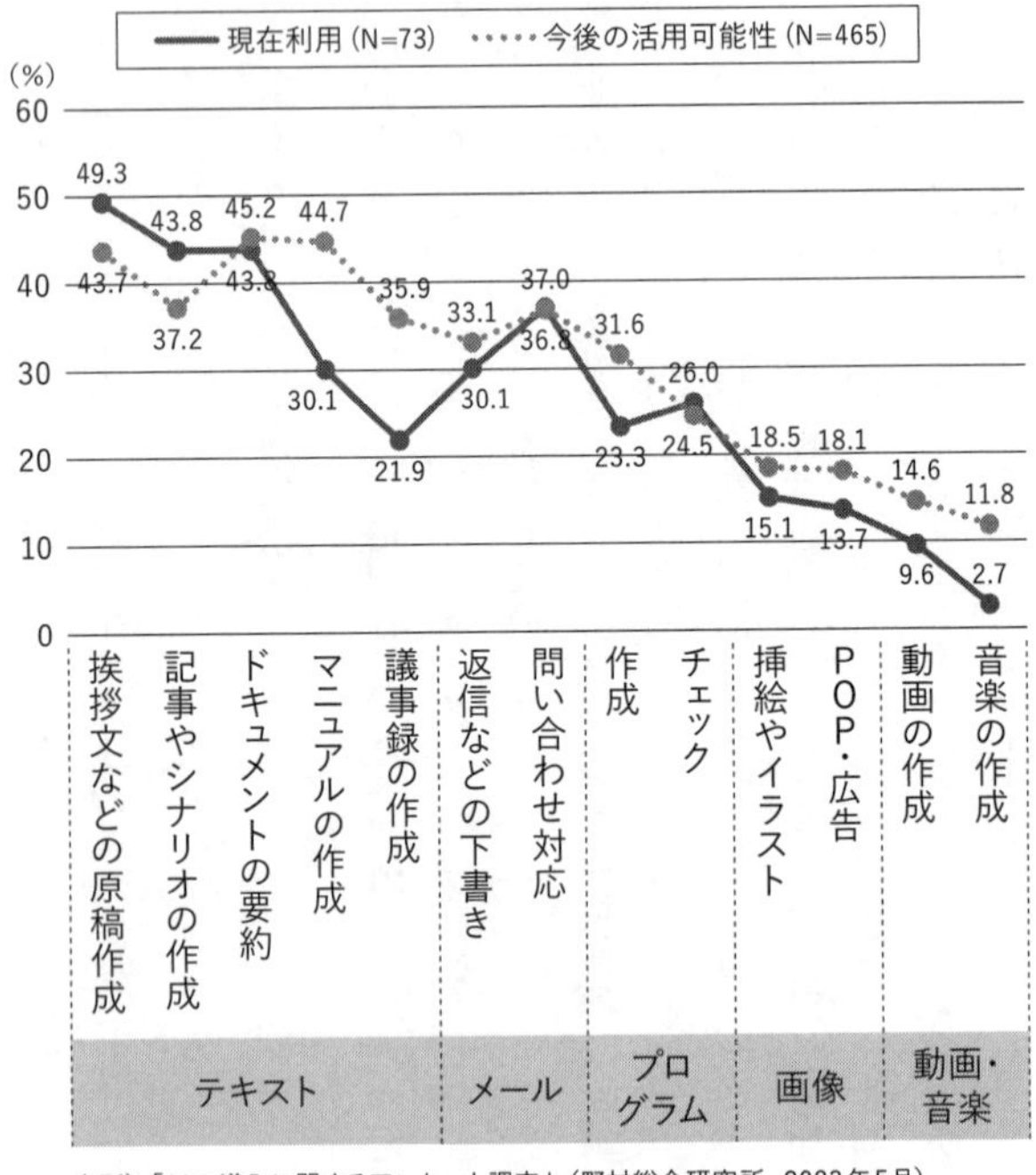

出所）「AIの導入に関するアンケート調査」（野村総合研究所、2023年5月）

プログラムの「作成」についても、今後の利用として期待している人が多く、プログラムの「チェック」だけではなく、「作成」まで生成AIが使われていくことになるでしょう。

テキスト以外では、「挿絵やイラストの作成」で現在利用している人が15・1%、「動画の作成」が9・6%となっており、少ないながらもテキスト以外のコンテツ生成に活用している事例も見られます。これらの利用内容については、現在と今後の差は小さくなっています。言い換えると、業務において画像、動画の生成などにまで活用しようとするニーズは少ないものの、実際にニーズがある人では、現在でも、ある程度は生成AIを活用しているといえます。

3 生成AIで変わる世界

本章の最後に、生成AIが浸透すると、どのように世界が変わっていくのかを描いてみましょう。生成ＡＩは「さまざまなコンテンツを生成できる人工知能（ＡＩ）」です。文章（テキスト）、画像、音声、音楽、動画、プログラムコードなどのコンテンツがＡＩによって生成されることで変わる未来を描いてみたいと思います。

業務への浸透で生産性が向上する

最初に進むのが、ビジネスにおける「業務改善」や「生産性の向上」です。テキスト生成の分野において、業務改善や生産性向上のツールとして、生成ＡＩの活用が進むでしょう。

すでに原稿作成や、ドキュメントの要約では生成ＡＩが使われています。具体的には、すべてを生成ＡＩに任せるのではなく、第一次の原稿を作成するなどの使い方が多くみられます。人がゼロから作成するのではなく、生成ＡＩに最初に作成させて、内容を修正していくという使い方です。

ドキュメントの要約についても、「このドキュメントの要点を10個記載せよ」というような命令を書くことで、ＣｈａｔＧＰＴなどが、10個のポイントを出力します。これをそのまま要約として使用するのではなく、ドキュメントの読み手の感覚も入れながら、10個のポイントから不要なものを削除したり、新しく追加して要約を完成させます。原稿や要約作成の一次作業として生成ＡＩを使います。

ゼロから考えるとかなり時間がかかる作業も、生成ＡＩに一次作業させることで、作業効率はかなり高まります。作業する人の感覚によるヌケモレを防ぐこともでき、常に同じフォーマットで要約などが作成されるというメリットもあります。

今後は、テキスト生成における分野の拡大が期待されます。挨拶文やメールの文章などの日常業務に関する文章から、マニュアルや議事録など、より高度な文章の作成までが進むと考えられます。さらに、消費者のためのユーザーガイドの作成、商品のキャッチコピーの作成、顧客に受ける営業資料の作成、法的文書を考慮した原稿の作成など、より高度な文章が作成されるようになるでしょう。

それぞれ生成ＡＩが作成したものをそのまま使用するのではなく、第一次のアイデアや案として参考にするところから始まっています。今後、生成ＡＩの進化により、さらに精度が高まり、単にアイデアとして参考にするだけではなく、最終的なアウトプットとして、そのまま活用されることも増加していくでしょう。

利用者の裾野が広がることも期待されます。ＣｈａｔＧＰＴが一般生活者にも使われるようになったきっかけは、ユーザーインターフェースの良さが1つの要因です。他の生成ＡＩ関連のアプリケーションでも使い勝手が向上することで、利用者は増加します。

また、生成ＡＩを組み込んだアプリケーションの開発については、従来は一部の専門家や大手企業に限定されてきましたが、基盤モデルの公開などにより、中小企業でも利用できるようになります。中小企業は自社の事業ドメインに応じて生成ＡＩを活用できるようになるため、裾野が広がります。

システムエンジニアの働き方が変わる

プログラムを書くために、生成ＡＩの利用も進んでいます。簡単なものでは、「〇〇という機能を持ったエクセルのコマンド」や「Python で〇〇分析をするためのコード」などのように辞書的に使う方法があります。具体的なコードが出力されるため、そのままコピー&ペーストで使うことができます。レベルが上がると、自分が書きたいプログラムの内容をテキストで入力することで、具体的なプログラムコードを書いてもらうこともできます。

正しいプログラムコードにするためには、テキストとして入力する内容の精度も求められます。そのため、簡単にプログラムを作成できるというわけではありません。複雑・高度なプログラミングには、現時点ではまだかなりの課題があるといわれています。将来的には、精度が高まり、SEの省力化につながることは間違いありません。

また、生成AIを使うことで、直接的なプログラミングだけではなく、SEをサポートする業務を代替することができます。SEが書いたプログラムのデバッグでの活用、JavaScriptのプログラムをPythonに変換するなどコードの書き換え、プログラム作成する段階で必要なドキュメントの作成など、SEの作業を生成AIが代わることができます。SEの優秀な助手として活用することができるのです。

プログラミングを完成させるためにはテストも重要です。正しく動いているかをチェックするためにはテストデータが必要です。そのためにも生成AIが機能します。まったくランダムに設定されたデータでは、正しいテストにならないため、現実的にありそうなデータテーブルを用意してテストをすることが求められます。生成AIでは、このようなテストデータを作成することもできるのです。テストデータ作成という間接的な役割としても、生成AIはSEをサポートします。

顧客コミュニケーションが効率化する

企業と消費者・顧客とのコミュニケーションにおいて、生成ＡＩが大きな役割を果たすようになります。生成ＡＩがない時代でも、高度な分類・検索機能などにより、消費者が求める情報を適時適切に提供できるようになっています。いわゆるレコメンデーションシステムとして、過去の消費者の行動履歴（データ）に基づいて、最も購買につながる可能性が高い情報を提供することはできています。生成ＡＩは、さらに、それを高度化させます。

生成ＡＩがない時代では、過去のパターンから、最も反応が良いと考えられる情報を提供していました。無数にある情報の中から最適な情報を伝えるイメージです。それに対して、生成ＡＩになると、提供する情報そのものを生成します。各個人にあった情報を生み出すのです。これにより、消費者は自分のニーズに応じてカスタマイズされた情報を受け取ることができます。個人属性に応じて選別された情報ではなく、自分用にカスタマイズされた情報を受け取ることで、消費者は自然とコミュニケーションできている感覚を持つでしょう。

現在、これらの情報については、テキストベースでやり取りされることが通常です。マルチモーダル化された生成ＡＩの世界では、テキストだけではなく画像・映像としても情報をやりとりすることになります。それらの情報も個人にカスタマイズされており、さまざまな種類の情報でのコミュニケーションにより、消費者はより自然に感じることができるでしょう。

コンテンツ制作のあり方が変わる

生成ＡＩが作成するコンテンツの中で、画像、映像、音声などの分野では、まだ十分な活用がされていません。現時点では、テキストにおけるコンテンツを中心に、生成ＡＩの浸透が進んでいます。これからは、画像、映像、音声などの分野で、コンテンツ制作のあり方が変化していきます。

広告コンテンツを作成する段階で、広告のコンセプトやキャッチコピーなどのアイデアについて、生成ＡＩを使って出力することが行われ始めています。現実的に使えるアウトプットかどうかは別として、アイデア出しとして活用している人も多いのではないでしょうか。進んでいる人では、広告のキービジュアルの画像を生成ＡＩで出力させている人もいます。こちらもアイデアの1つとして活用されることが多いようです。

最近では、ウェブのバナー広告など、静止画が多いメディアでは、生成AIを使って広告作成をしている例も見られます。費用・時間をかけずに広告を作成することができ、微修正することで、そのままウェブ広告として出稿している例もあります。

ウェブ広告の場合は、消費者のクリック率などをもとに、広告の反応への良し悪しをすぐに評価することができるため、生成AIで広告を作って、反応が悪かったらすぐに差し替えることが可能です。将来的には、テレビCMなどの他のメディアにも広がることが予想されます。

画像や映像の制作については、広告コンテンツ以外でも生成AIの利用が進んでいくでしょう。将来的には、ゲーム、ユーチューブ、テレビ番組、映画など、生成AIで作成されたコンテンツの提供が考えられます。最初は、アイデア出しのためのツールとして使うことから始まり、やがて生成されたコンテンツを本格的に活用するようになるでしょう。

とはいえ、コンテンツを制作する人が必要なくなるということはありません。制作への関わり方が変わってくると考えられます。生成ＡＩを助手として使うことで、コンテンツの完成度を高めるために時間をかけられます。生成ＡＩとコマンドを通じてコミュニケーションすることで、より創造性が高いコンテンツが作成できる可能性もあります。コンテンツ制作で人が担ってきた作業の一部を生成ＡＩに任せることで、他の部分で時間をかけることができるようになるのです。あらゆる分野において、同じようなことがいえますが、コンテンツ制作の現場においては、最も顕著になると思われます。

「シンギュラリティがやってきた」

シンギュラリティとは「技術的特異点」の意味で、ＡＩが賢くなり、人間の脳と同レベルになるタイミングのことを指します。シンギュラリティは２０４５年ごろに来るのではないかといわれていましたが、生成ＡＩの進化により、そのタイミングがもう少し早まるのではないかともいわれるようになりました。この状況を表して「シンギュラリティがやってきた（The Singularity is here）」という言葉が使われるようになっています。

現状の生成ＡＩでシンギュラリティが来たとはいえないと思いますが、生成ＡＩの進化の先にシンギュラリティがあることは間違いありません。生成ＡＩにより、人間が考えるように話すことができ、ＳＥが書きたいプログラムコードを設計し、アーティストが創造するような絵を描くことができるのです。もう少し精度が上がれば、そこにはシンギュラリティがあるといっても過言ではないでしょう。

生成ＡＩの影響を強く受ける産業としては、ＩＴ・通信、金融、教育、ヘルスケア、広告、エンターテインメントなどが挙げられています。ＡＩによって生成されるものがテキスト、プログラムコード、画像、映像であることを考えると、これらの産業から浸透していく可能性が高いでしょう。しかし、これからは、もっと高度なもの（３Ｄなど）まで、かつ、マルチモーダルで生成されるようになれば、すべての産業で活用できます。シンギュラリティの世界がくれば、すべての企業、すべての人にとってＡＩは切っても切れない関係になるのです。生成ＡＩにより、人間とＡＩは、新しい関係を築くタイミングに来ています。

第2章
ChatGPTの全貌

1 ChatGPTとは何か？

ChatGPTと第4次AIブームのはじまり

2023年4月10日、ChatGPTを開発したオープンAI（OpenAI）のサム・アルトマンCEOは、総理大臣官邸を訪問し、岸田文雄内閣総理大臣と会談しました。岸田首相とアルトマン氏は、AI技術の利点と、欠点をどう軽減していくかについて議論し、プライバシーや著作権などのリスクや、国際的なルール作りについて意見交換を行ったそうです。一国の首相が海外の一企業のトップと会談の場を設けるのは異例なことといえ、テレビや新聞でもこの会談は大きく取り上げられ話題になりました。

人工知能（AI）とは、その名の通り人間の持っているような知性・知能を人工的に実現する技術を指します。AIはこれまでに3回のブームが起こっています。第1

次ＡＩブーム（１９５０〜１９６０年代）は、「推論」や「探索」と呼ばれる技術で人間のような知能を表現しようとしました。しかし、簡単な迷路を解くようなゲームはできても、さまざまな要因が絡み合うような現実社会の問題を解くことはできず、間もなく冬の時代を迎えることになりました。

第2次ＡＩブーム（１９８０年代）では、専門家の知識をルールとして教え込み、問題を解決させる「エキスパートシステム」の研究が進みました。しかし、問題を解くために必要となる情報を、コンピューターが理解できる形式で大量に用意することは難しく、再び冬の時代を迎えることになりました。

第3次ＡＩブームは２０００年代に始まり、ビッグデータ（大量のデータ）を用いることで、ＡＩが自ら知識を獲得する「ディープラーニング（深層学習）」などの手法がブームを牽引しました。ディープラーニングとは、人間の脳を模した「ニューラルネットワーク」を使って、大量のデータを学習する手法のことです。この第3次ＡＩブーム下で、大きなニュースになったできごととしては、アルファベット（グーグル）の傘下のＡＩ企業であるディープマインドが開発したＡＩ囲碁プログラム「アルファ碁（AlphaGo）」が、世界トップレベルのプロ棋士である李世乭（イ・セドル）

九段に勝利したことでした。ＡＩが人間の能力を超えるかもしれないということをＡＩの専門家ではない一般の人々にもわかりやすい事例で示したといえるでしょう。

そして今、第４次ＡＩブームが始まるのではないかといわれています。今回のブームで鍵になると見られているのが「生成ＡＩ」と呼ばれる技術です。すでにご説明した通り、生成ＡＩとは、与えられたデータから新たな画像・文章・音声などのデータを作り出すことができるＡＩ技術のことです。ＣｈａｔＧＰＴもこの生成ＡＩの一種になります。

会話型AIサービス「ChatGPT」

ＣｈａｔＧＰＴは、アメリカのＡＩ研究所であるオープンＡＩが開発した会話型ＡＩサービスです。使い方は非常に簡単で、ユーザーはＣｈａｔＧＰＴのサイトで質問したいことをテキストで入力すると、それに対しての回答を数秒程度で返してくれます。さまざまな言語に対応しており、英語だけでなく、フランス語、ドイツ語、中国語、日本語などで質問して回答を得ることも可能です。

では、グーグルやヤフーが提供する検索サービスとＣｈａｔＧＰＴはどのように違うのでしょうか。検索サービスの場合、一般的には調べたいことのキーワードを入力し、そのキーワードに関連深いウェブサイトを教えてくれます。たとえば、「スイカの生産量が多い都道府県の上位3つ」を知りたい場合、「スイカ　生産量　都道府県上位3つ」のように複数のキーワードで検索することが多いと思います。検索サービスでは入力されたキーワードと近しい記述があるウェブサイトを提示してくれます。ユーザーは、そのウェブサイトの内容を確認し、答えを探す必要がありました。

しかし、ChatGPTの場合は、ユーザーの質問に対して、人が話すような言葉で回答を返してくれます。キーワードを考える必要はなく、素直に「スイカの生産量が多い都道府県の上位3つを教えて。」と質問すれば、1位から3位までの具体的な都道府県の名前を提示してくれるのです。

このように紹介すると、コンシェルジュサービスのようなイメージを持たれるかもしれません。しかし、ChatGPTのすごさは、その知識の広さと深さにあります。マサチューセッツ総合病院のティファニー・H・クン氏らは、米国医師免許試験(USMLE)の問題をChatGPTに解かせたところ、特別な訓練を行わなくても合格ラインに近い成績を収めたことを発表しました。また、最新のChatGPT

（ＧＰＴ－４）でアメリカの司法試験の模擬試験を解かせたところ、上位10％程度の成績だったそうです。英語の試験だけでなく、日本の医師国家試験を解かせても合格ラインを超えたとの報告もされています。

法学や医学の高度な専門領域においても高い水準で正しい回答ができ、しかも多言語で対応できる。これまで映画やアニメの世界でしか存在しなかったような、どのような質問にも答えてくれる汎用的な高性能ＡＩの姿をＣｈａｔＧＰＴは垣間見せてくれています。

利用者の急激な増加

２０２２年11月末に発表されたＣｈａｔＧＰＴは、公開後5日間で全世界のユーザー数が１００万人を超え、公開2カ月後には月間のアクティブユーザーが1億人を超えたそうです。インターネットのアクセス分析サービスであるシミラーウェブによると、ＣｈａｔＧＰＴのサイトを訪れたユーザー数は、２０２３年2月に約１・５億人、２０２３年4月には約２・１億人と推計され、急激に利用者を増やしています。

また、同サービスによるとＣｈａｔＧＰＴの国別訪問者の割合は、１位がアメリカ

（約11％）、2位がインド（約9％）、3位が日本（約7％）でした。日本における ChatGPTの人気が、世界的に見ても非常に高いことがわかります。実際、人口当たりのChatGPTの利用者数は日本が世界一です。

ChatGPTの開発を行う技術幹部で、日本生まれのシェイン・グウ氏は、「日本人はChatGPTの使い方がユニークで面白い。また、日本人は他の国と違ってAIを恐れていない。それは、個人的にはドラえもんの影響が大きいのかなと思っている。AIと一緒に生きる世界がどのようなものなのかを幼少期からなんとなく理解している。これは世界でも独特だと思う」との見解を述べています。

IT業界の著名人も注目

ChatGPTは、IT業界の著名人からも高い注目を集めています。マイクロソフト創業者のビル・ゲイツ氏は、2023年3月21日の自身のブログ記事「AIの時代が始まった（The Age of AI has begun）」で、これまでの人生で革命的と感じた2つのテクノロジーがあると語っています。1つは1980年にウィンドウズを含む現代のOS（オペレーティングシステム）の前身となった「GUI（グラフィカルユーザーインターフェース）」で、もう一つが2022年にオープンAIから紹介されたAIモデルのGPTだと記述しました。

ゲイツ氏は「GUI以来、最も重要な技術の進歩を目の当たりにした。AIの発展は人々のコミュニケーションのあり方を変え、産業界全体がこの技術を中心に方向転換するだろう。企業はそれをいかにうまく利用するかで、差別化を図ることになるだろう」との見解を示しています。

また、日本の人工知能研究の第一人者である東京大学の松尾豊教授は、「検索サービスがなくなる可能性がある。これまでには不可能だった専門的な業務を代行できるツールが多く誕生し、ホワイトカラーの仕事ほぼすべてに影響が出る可能性が高い」との意見を述べています。

ChatGPTを開発したオープンAI

オープンAIは、電気自動車メーカーテスラのCEOであるイーロン・マスク氏や、スタートアップ企業への投資・育成を行う有名なアクセラレーター「Yコンビネータ」のCEOを務めたサム・アルトマン氏など、複数の投資家によって2015年

12月に設立された人工知能（ＡＩ）研究所です。オープンＡＩの使命は、「汎用人工知能（ＡＧＩ：Artificial General Intelligence）が人類全体に利益をもたらすこと」であり、当初非営利団体として設立されましたが、２０１９年に「利益上限付き」営利法人であるオープンＡＩ ＬＰも創設しています。

これは、ＡＩの開発に必要となる莫大な計算処理にかかるコストや、最高峰のＡＩ人材を雇用するためには、純粋な非営利の形態では難しくなったからでした。オープンＡＩ ＬＰでは、投資額に対して一定の上限付きリターンを得られますが、これに対して投資を申し出たのがマイクロソフトでした。

マイクロソフトは、２０１９年7月にオープンＡＩに対して10億ドルの投資を行うと発表しました。２０２３年1月には今後複数年にわたってオープンＡＩに数十億ドル規模の投資を行うと共に、ＡＩ研究を加速させる専用のスーパーコンピューターを開発し、オープンＡＩに提供すると発表しています。

このような支援を実施する一方で、マイクロソフトはオープンＡＩが開発したさまざまな研究成果を独占的に提供できる権利を得ています。たとえば、同社のクラウドサービスであるアジュール上でＣｈａｔＧＰＴを提供したり、ＣｈａｔＧＰＴを検索エンジンのＢｉｎｇと統合したりするなど、さまざまなサービス連携を始めています。

2 オープンＡＩが開発した大規模言語モデル

会話型ＡＩサービスの核である「言語モデル」

会話型ＡＩサービスのＣｈａｔＧＰＴの裏には「大規模言語モデル」と呼ばれる仕組みが存在しています。言語モデルとは、人間が日常的に話したり書いたりする言葉（自然言語）について、次に出現する単語を予測するモデルのことです。ＡＩの文脈において、モデルというのは、データから学習したパターンや関係性を表現する仕組みや構造のことを指します。

オープンＡＩでは、２０１８年に発表したＧＰＴ以降、複数の大規模言語モデルを開発していて、ＣｈａｔＧＰＴもその大規模言語モデルを使っています。ここでは、

図2-1　言語モデルのイメージ

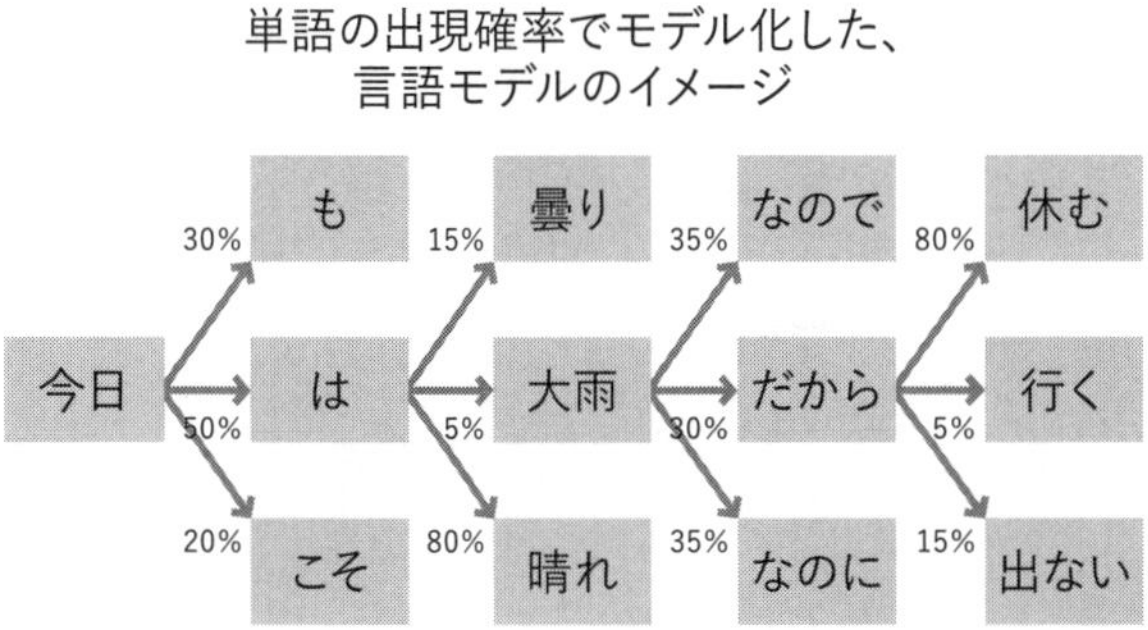

出所）野村総合研究所

オープンＡＩが開発した大規模言語モデルのＧＰＴシリーズについて解説したいと思います。

1　GPT（2018年）

ＧＰＴは、オープンＡＩが２０１８年に発表した、最初のＧＰＴシリーズの言語モデルです。ＧＰＴが発表される前年に、ある画期的な手法（アルゴリズム）が登場しました。それは、「トランスフォーマー（Transformer）」と呼ばれるディープラーニングの手法です。トランスフォーマーは、グーグルの研究チームによって開発されたアルゴリズムで、「Attention is All You Need」という論文で初めて紹介されました。

人間が使用する言葉をコンピューターに理解させて処理させる技術として「自然言語処理（ＮＬＰ：Natural Language Processing）」というＡＩの分野があります。たとえば、文脈や文章の意味・感情を認識したり、人間のような自然な文章を生成したり、言語間の翻訳を行ったりします。

自然言語処理の分野では、第3次ＡＩブーム以降、さまざまなディープラーニングの手法が活用されていましたが、この「トランスフォーマー」は画期的な技術でした。それまでの自然言語処理アルゴリズムでは、入力される言葉を単語の並び順など一定の順序で処理をしていました。それは、文章の理解のためには、個々の単語ではなく、複数の単語や文節の関係性を捉える必要があったからです。しかし、当時の手法では、離れた単語の関係性を捉えることが難しく、また順番に計算する必要があるため並列で計算がやりづらく、処理に時間がかかるという問題がありました。

トランスフォーマーは、より離れた単語の関係性を捉えることができ、大量の計算を並列で処理することで、計算時間を短縮化できる手法でした。このようなアルゴリズムの特徴により、自然言語処理の分野においても大規模なテキストデータを用いた学習ができるようになったのです。GPTは「Generative Pretrained Transformer」の略称ですが、名前にも含まれている通り、トランスフォーマーの技術が使用されています。

ディープラーニングの手法を使って言語モデルを作る場合、大量の教師データが必要になります。教師データとは、言語モデルを作成するために使われるラベル付きのデータセットで、自然言語処理の分野ではテキストデータに対してラベルを付与したものです。ラベルとは、データが何を表しているかを示すもので、たとえば、ニュースの記事に対して、「スポーツ」「芸能」「政治」などのジャンルを表すタグや質問のテキストに対する「回答のテキスト」が該当します。

この教師データは通常、人の手で用意する必要があるのですが、大量のデータを用意するには大変なコストと時間を必要とします。一方、教師データが付与されないテキストデータ（教師なしのテキストデータ）はインターネット上に大量に存在するので、比較的簡単に集められます。

GPTは、はじめに大量の教師なしのテキストデータを使って、文法などの言語的特徴を学習させて、その後少量の教師データで追加の学習をすることで、目的のタスクに適応させる言語モデルを作ることに成功しました。

ここでのタスクとは、たとえば「質問に対する応答」「2つの文章が意味的に同じかどうかの判定」「テキストの含意関係（意味的に含まれるかどうか）」のようなことが挙げられます。このようなモデルの作り方をPre-Training & Fine-Tuning（事前学習と微調整）と呼びます。GPTはこのやり方で開発された言語モデルで、当時のさまざまな自然言語処理のベンチマーク（性能比較指標）で、最高レベルの性能（SoTA：State-of-the-Art）を達成しました。

2　GPT－2（2019年）

GPT－2は、オープンAIが2019年に発表した、2番目に開発されたGPTシリーズの言語モデルです。前バージョンのGPTは、「事前学習と微調整」の手法でさまざまなタスクに対応する言語モデルを開発しました。しかし、このやり方ではFine-Tuning（微調整）のための教師データが必要になり、タスク別に教師データと言語モデルを作る必要があります。GPT－2では、GPTよりも大量の教師なしのテキストデータを使い、さらに大きなディープラーニングのモデルで学習することで、さまざまなタスクに対応できる汎用的な大規模言語モデルの開発を目指しました。

ディープラーニングはニューラルネットワークを多層に結合したもので、その構造が大規模で複雑なほど、高度な表現能力と予測精度を持つことができると言われています。

大規模で複雑なディープラーニングのモデルであることを表す指標の1つとして、パラメータ数が挙げられます。GPT－2では、複数のパターンのパラメータ数で言語モデルを開発していますが、最も大きなものでは約15億のパラメータを持っていました。2019年当時、他の言語モデルのパラメータ数は数億パラメータ程度だったため、GPT－2は桁一つ違う大きさのパラメータを持つ大規模言語モデルだったといえるでしょう。

学習に使われたテキストデータもこれまでにない規模でした。GPT－2では、ウェブテキストと呼ばれる40ギガバイトのテキストデータを使いました。これは、アメリカの掲示板型ソーシャルニュースサイトであるレディット（Reddit）から、3カルマ以上獲得した投稿に記載されたリンク先のデータを集めたものです（重複するページの削除やウィキペディアの情報は削除するなどのデータクリーニングを実施することで、最終的には800万件の文章で40ギガバイトのデータセットを作成しています）。カルマとは、フェイスブックの「いいね！」のようなもので、ユーザーによって3カルマ以上の評価がされた投稿に限定することで、質の高い学習データの収集を目指したといわれています。

GPT－2では、文章生成、文章の補完、質問応答、翻訳、要約などのさまざまな自然言語処理のベンチマークで、最高レベルの性能（SoTA）を達成しました。その中で特に注目すべきことは、常識的推論（Commonsense Reasoning）と呼ばれる性能評価においても、SoTAを達成したことです。これは、テキストに含まれる一般常識を理解し推論する能力になります。

たとえば、「バラの花を挿した花瓶がテーブルから落ちました。」という文章に対して「何が割れたでしょう？」という質問をするとします。人間であれば、割れたのは花瓶ということが簡単にわかりますが、機械には一般常識というものがないので、何が割れたのかを回答させることは、難しいタスクでした。大規模データで学習させたＧＰＴ－２のような言語モデルでは、一般常識の理解が進むことを明らかにしたのです。

この一般常識の能力は、文章の理解、文章の生成、質問への回答など、さまざまな自然言語処理のタスクの質を上げるために重要であり、ここでの成果がさらに大規模な言語モデルであるＧＰＴ－３の研究につながったのでした。

なお、ＧＰＴ－２は２０１９年2月に発表されましたが、パラメータサイズの小さなモデルから段階的に公開を進め、最も大きな約15億のパラメータを持つモデルが完全に公開されたのは、２０１９年11月でした。その理由は、人間が書いたような自然な文章を生成する機能が、たとえば偽のニュース、スパムメール、ヘイトスピーチなどの自動生成に使われ悪用されることで、ＧＰＴ－２が社会に悪影響を与えてしまうことをオープンＡＩが懸念したからです。

3　ＧＰＴ－３（２０２０年）

２０２０年にオープンＡＩの研究グループは、「Scaling Laws for Neural Language Models」という論文を発表しました。これは、前述のＧＰＴ、ＧＰＴ－２でも用いられているディープラーニングの手法「トランスフォーマー」をベースにした言語モデルにおいて、モデルのサイズ（パラメータ数）、学習に用いるデータセットのサイズ、学習にかける計算量を増やすほど、より高性能な言語モデルができることを示した研究でした。つまり、これまでにない高性能な言語モデルを作るためには、より大きなパラメータを持つモデルを、より大きなデータセットで、より多くの計算量で学習させれば良いことになります。

そこでオープンＡＩは、ＧＰＴ－２と比べてはるかに大きなパラメータとデータセットで学習させた、超大規模言語モデル「ＧＰＴ－３」を開発し、２０２０年７月に発表しました。

ＧＰＴ－３では、ＧＰＴ－２と同様にパラメータ数やデータセットが異なるいくつかのパターンのモデルが開発されています。その中で最も大きなモデルは、パラメータ数が1750億で、データサイズは570ギガバイトもの大きさになりました。これは、ウィキペディアやウェブサイトから収集した45テラバイトのデータをクレンジング処理したデータセットになります。

前年に発表されたGPT－2の中で最も大きなモデルが、パラメータ数が約15億、学習データが40ギガバイトだったことと比較しても、パラメータ数で約117倍、学習データサイズで約14倍になっており、これまでにない巨大な言語モデルを開発したことがわかると思います。

GPT－3のデータセットには、3000億単語が含まれていたそうです。アメリカの大学の研究によると、人が1日に話す単語数は、およそ1万6000単語で、言語や年齢によって変わる可能性がありますが、仮に人生が80年間と仮定して単純に掛け算すると、約4・7億単語になります。人間は話すだけでなく、読んだり聞いたりするので、一生のうちに触れる単語数はもう少し多くなると考えられますが、それを踏まえても3000億単語というのが非常に多いことがわかると思います。

GPT－3は、さまざまな自然言語処理のベンチマークで、最高レベルの性能

（SoTA）を達成しています。たとえば、次単語予測（ある文章の次に続く単語の予測）や、翻訳、質疑応答などが挙げられます。ニュース文を生成するタスクについては、その成果が大きな話題になりました。

まず、ニュースサイトのニューサー（newser.com）から任意の記事を選択し、そのタイトルとサブタイトルをGPT－3に与えて、ニュース記事を生成させます。次にアメリカ在住の80名の被験者に、人間が書いた記事かGPT－3が生成した記事かを当ててもらうという検証を実施したのです。その結果、1750億パラメータを持つ最も大きなモデルでは、52％の正解率になりました。人かGPT－3かどちらが書いたのかわからない場合、ランダムに選択することになるので、この場合の確率は50％になるはずです。それを踏まえると、正解率が52％というのは、人間にはほとんど見分けがつかないレベルでニュース記事を生成できたといえるでしょう。

また、GPT－3では、その指示の与え方によって、タスクの精度が上がることがわかっています。それは、GPT－3が発表された論文「Language Models are Few-Shot Learners」のタイトルにもある「Few-Shot」と呼ばれる手法です。Few-Shot とは、タスクの指示と共にいくつかの例を与えるやり方で、たとえば図2－2のような

図2-2　Few-Shotでの質問例

タスク：日本語から英語に翻訳してください。
例1　：りんご → Apple
例2　：犬 → Dog
例3　：海 → Sea
問題　：大学生 →？

出所）野村総合研究所

指示のイメージになります。例が複数の場合は「Few-Shot」、1つだけの場合は「One-Shot」、例を与えない場合は「Zero-Shot」と呼びます。多くのタスクで、Zero-ShotやOne-ShotよりもFew-Shotの方が、高い性能を示しました。

このように、言語モデルに出す指示を工夫することで、言語モデルの性能を向上させる手法のことを「プロンプトエンジニアリング」と呼びます。このプロンプトエンジニアリングは、対話形式で指示を出すChatGPTの登場で、非常に注目が集まることになりました。

4 インストラクトGPT（2022年）

GPT－3はAIが生成したとわからないような、もっともらしい文章を生成できることで話題になった一方、「意味がない文章」「不正確な内容」「非道徳的な文章」を生成することがあるという問題が指摘されていました。

このようにAIが人間の目標や意図と一致しない行動をする問題のことを、「AIにおけるアライメント問題（Alignment Problem）」と呼びます。オープンAIは2022年1月に、このアライメント問題を解消するため、人間からのフィードバックをもとに強化学習を行う手法「RLHF（Reinforcement Learning from Human Feedback)」を取り入れた「インストラクトGPT」を発表しました。インストラクトGPTでは、人間が作成した質問文とそれに対する回答文を約1万3000件用意して、GPT－3に対してファインチューニング（微調整）を行っています。あわせて、強化学習という機械学習の手法を使い、人間にとってより好ましい回答ができるよう、さらに微調整を実施したのです。

強化学習とは、エージェントが環境と対話しながら、報酬を最大化するように行動を学習する手法のことです。将棋を例にとると、「エージェント」は将棋のプレイヤーで、「環境」は将棋盤と駒、「報酬」は勝負の勝ち負けや局面ごとの評価値（駒の価値の合計など）になります。前述の世界トップレベルのプロ棋士に勝ち越したアルファ碁でもこの強化学習の手法を活用しています。

インストラクトGPTは、GPT－3で問題になった「意味がない文章」「不正確な内容」「非道徳的な文章」を抑制することができたかを確認するために、役立つ(helpful)、正直である（honest)、無害である（harmless）の3つの軸を用意して評価を行いました。その結果、パラメータ数が1750億のGPT－3のモデルよりも、パラメータ数13億のインストラクトGPTの方が高い評価を得たのでした。このことは、言語モデルの性能は、必ずしもモデルのパラメータ数やデータセットのサイズだけで決まるわけではないことを示したといえるでしょう。

5　GPT－3・5（2022年）

GPT－3・5は、2021年9月以前のデータを用いて学習させた、GPT－3の改良版言語モデルです。GPT－3にインストラクトGPTの手法を用いて開発された言語モデルは複数存在します。中でもチャット用に最適化された「GPT－3・5　ターボ」は、ChatGPTで使用可能な言語モデルの1つになります。

6　GPT－4（2023年）

GPT－4は、2023年3月にオープンAIが発表した、最新の大規模言語モデルです。GPT－4は、ChatGPTの有償版であるChatGPTプラスにおいて利用することができます。それまでのGPTシリーズとの一番の違いは、GPT－4は大規模なマルチモーダルモデルであることです。マルチモーダルモデルとは、複数の異なる形式のデータ（テキスト、数値、画像、音声、動画など）を組み合わせて処理することができるAIのモデルのことで、GPT－4はテキストデータと画像データに対応しています。

たとえば、複数の画像と一緒に、「この画像のどこが面白いのか、パネルごとに説明してください」という質問のテキストを入力するとします。すると、マルチモーダルモデルのGPT－4は、それぞれのパネル画像の内容について説明し、最後にどこが面白いのかを回答してくれます。

このようにGPT－4では、画像から読み取れる情報も踏まえて、ユーザーの質問に回答することができるのです。GPT－4が処理できる画像データは、いわゆる写真画像だけでなく、たとえば統計データの棒グラフの画像を入力して、そのグラフで表されている情報を踏まえて回答させることもできます。

GPT－4は、GPT－3までのようにモデルのパラメータサイズや学習に使用したデータセットなどを公開していません。オープンAIのGPT－4テクニカルレポートによると、GPT－4のような大規模モデルの競争環境と安全性を考慮した結果、このような方針を取ることにしたそうです。

公開されているGPT－4の情報からわかることは、GPT－4がGPT－3・5と同じく2021年9月までのデータを使い学習していることと、トークンサイズがGPT－3・5より大きくなり、最大で8倍に増えていることです。

トークンとは、言語モデルが一度に処理できる単語やフレーズの数で、ChatGPTで使われているGPT－3・5（GPT－3・5ターボ）では、最大で4096トークンでした。一方、GPT－4では最大3万2768トークンのモデル（GPT－4－32k）があることを公開しています。

3万2768トークンは、大体50ページ分のテキストに該当します。トークン数が多いほど、言語モデルはより多くの情報を処理できるので、長い文章や複雑な質疑応答の文脈を理解して回答したり、より長い文章を生成したりする時に、一貫性を持った自然な文章を生成できるようになるのです。

GPT－4でも、自然言語処理のベンチマークで、前バージョンのGPT－3・5を上回る最高レベルの性能（SoTA）を達成しています。また、自然言語処理のベンチマークテストだけでなく、人間が受けるテストをGPT－4に解かせた結果、どのようなスコアになったのかも検証しています。

たとえば、米国統一司法試験を解かせたところ、400点満点中298点を獲得したそうです。GPT−3・5では213点で、この試験の受験者のうち下位10％に含まれる成績でしたが、GPT−4が獲得した298点は上位10％に含まれる成績に該当したそうです。この試験の合格点が260から280点ぐらいなので、GPT−4の優秀さがわかると思います。

また、アメリカの法科大学院（ロースクール）への入学試験であるLSAT（Law School Admission Test）についてもテストを行っていて、GPT−3・5が149点、GPT−4が163点でした。人間の平均点が150点ぐらいなので、こちらもなかなか優秀な成績であるといえるでしょう。

GPT−3で注目された不正確な内容を回答してしまう問題についても改善が進んでいます。AIのハルシネーション（幻覚）と呼ばれる現象で、簡単にいうとAIがもっともらしく嘘を回答することです。AIが間違いやすい質問において、人間が理想とする回答とどれぐらい一致するかを評価したところ、GPT−3・5がおよそ50〜60％ぐらいの正解率だったところ、GPT−4では20ポイント程度改善し、70〜80％ぐらいの正解率になったそうです。

※なお、本著は2023年5月に執筆しているため、現時点で最新の言語モデルであるGPT－4について、現状非公開の情報（パラメータ数やデータセットサイズなど）が今後一般公開される可能性があります。

3 ChatGPTができること

ChatGPTができるタスク

ChatGPTは前述のGPT－3・5やGPT－4といった言語モデルをベースにした会話型サービスです。言語モデルは、人間が日常的に使っている言葉（自然言語）を機械が理解し、処理するための技術である自然言語処理（NLP）の1つです。NLPには、いくつかの主要なタスクがありますが、ChatGPTは入力プロンプトを介してこれらのタスクに直接的または間接的に対応することができます。1種

図2-3
ChatGPTができる主な自然言語処理タスク

タスク	概要
文章生成	機械が人間が理解できる文章（言葉）を生成する。
機械翻訳	ある言語から別の言語に自動翻訳する。
情報検索	特定のクエリ（キーワードや質問など）に対して、 関連する情報をテキストから検索する。
質問応答	質問に対して適切な回答をする。
チャットボット	人間と自然言語で対話するプログラム。 対話を通じてコンテキストを理解し、応答する。
文章要約	文章の要点を簡潔にまとめる。
感情分析	テキストから感情や意見を解析する。
情報抽出	テキストから 特定の情報（地名、人物名、日付など）を抽出する。
意味解析	文章の単語や文法の構造を解析して、 その意味を理解する。
概念抽出	テキストから重要なアイディアや概念を識別して 抽出する。
テキスト分類	テキストを特定のカテゴリやラベルに分類する。 スパムメール検出などに活用されている。
文章校正	文章中の文法、スペルミス、スタイルの問題を 検出し、訂正する。

出所）野村総合研究所

類のタスクだけでなく、同時に複数のタスクを指示して回答させることも可能です。たとえば、ある文章を要約した上で、その文章がネガティブもしくはポジティブな内容だったのかを一緒に回答させることもできるのです。

サービス提供形態

２０２３年5月時点では、３種類のＣｈａｔＧＰＴのサービスが提供されています。１つ目はオープンＡＩが提供する専用のウェブサイトから無償で使える「ＣｈａｔＧＰＴ」です。

２つ目は、２０２３年2月に有償のサービスとして公開された「ＣｈａｔＧＰＴプラス」です。このサービスは、月額20ドルで提供される代わりに、ＣｈａｔＧＰＴの利用者が多い時にでも優先的にアクセスできたり、新機能や改良版をいち早く試したりすることができます。

３つ目は、２０２３年3月に公開された、Python などのプログラミング言語と連携して使うことができる「ＣｈａｔＧＰＴ ＡＰＩ」です。ＣｈａｔＧＰＴ ＡＰＩは使った分だけ料金が発生する従量課金制を採用しています。オープンＡＩは２０２３年

4月に、データ管理を必要とする人や、エンドユーザーを管理したい企業向けに、「ＣｈａｔＧＰＴビジネス」というプランを開発中と発表しました。

それから、ＣｈａｔＧＰＴはオープンＡＩが提供する環境だけでなく、マイクロソフトが提供するクラウドサービス「アジュール・オープンＡＩサービス」でも利用することができます。このサービスを使うことで、マイクロソフトのクラウド基盤のセキュリティ、信頼性、拡張性などを享受することができるので、ビジネスでＣｈａｔＧＰＴを活用したい場合でも、安心してシステムを構築できるようになりました。

２０２３年5月24日には公式のｉＯＳ用ＣｈａｔＧＰＴアプリがリリースされ、ウェブブラウザだけでなく、スマートフォンのアプリとして使えるようになりました。ＣｈａｔＧＰＴアプリは、オープンＡＩが開発したオープンソースの音声認識システム「ウィスパー（Whisper）」を搭載していて、従来のテキスト入力だけでなく、音声入力にも対応しています。このＣｈａｔＧＰＴアプリは、アメリカを含む11カ国からスタートし、順次利用可能な地域や国を拡大予定です。

使い方が広がる拡張機能

オープンAIは、2023年5月に「プラグイン（Plugins）」と「ウェブブラウジング（WebBrowsing）」の2つの拡張機能の提供を開始しました。これらの機能は、有償サービスのChatGPTプラスでベータ版の扱いで使うことができます。（2023年5月末時点）

①プラグイン

ChatGPTの「プラグイン」は、他社が提供するサービスとChatGPTを接続して、ChatGPT上で新しいサービスを提供する拡張機能です。プラグインは2023年5月末時点で160社以上の企業から提供されており、ChatGPTプラスユーザーは設定画面からどのプラグインをインストールするか、選択することができます。

たとえば、大手オンライン旅行会社のエクスペディアが提供するプラグインでは、旅行の日程、宿泊人数、宿泊したいホテルのランクなどを伝えると、エクスペディアのサイトと連携して希望に近い宿泊先を回答してくれます。なお、宿泊先だけでなく、航空会社のフライトや、現地でのアクティビティについても提案してくれるのです。

日本の企業もプラグインの提供を始めています。グルメサイトの食べログが提供するプラグインでは、場所、日程、ジャンルなどを伝えることで、予約可能なおすすめのレストランを回答してくれます。それ以外にも、自分が知りたいニュースのジャンルを伝えると、世界中のニュースサイトから関連するニュースのタイトルと概要を翻訳して伝えてくれる「ワールドニュース（World News）」や、特定のウェブサイトのＵＲＬを伝えると、そのサイトの内容を要約して回答してくれる「ウェブパイロット（Web Pilot）」など、さまざまなプラグインが登場しています。

なお、このプラグインで提供されるサービスを開発するためには、２０２３年5月時点ではオープンＡＩのウェイティングリストに登録し、連絡が来るまで待つ必要があります。

②ウェブブラウジング

ＣｈａｔＧＰＴの「ウェブブラウジング」は、ＣｈａｔＧＰＴでインターネット検索ができる新しい拡張機能のことです（２０２３年５月末時点で、名称が「Browse with Bing」に変更になっています）。

ＣｈａｔＧＰＴは、２０２１年９月までのデータを使って学習されています。そのため、たとえば最新の天気予報を聞こうとしても、回答することができませんでした。しかし、ウェブブラウジングを有効にすることで、ＣｈａｔＧＰＴがインターネットを検索して最新の情報を取得した上で、回答できるようになりました。単純に回答するだけでなく、どのウェブサイトを参照してそのように回答したのかわかるように、引用元のリンクをあわせて表示してくれます。

ウェブブラウジング機能は２０２３年５月時点では、ＣｈａｔＧＰＴプラスユーザー向けに提供されていますが、ＣｈａｔＧＰＴの無料ユーザー向けにも提供を予定しています。

4 続々と登場するChatGPTの競合サービス

ChatGPTの登場により、さまざまなタスクをこなすことができる大規模言語モデルに注目が集まっています。ここでは、会話型AIサービスと、そのベースとなる大規模言語モデルを対象にして、ChatGPTの競合製品やサービスについて、いくつか紹介していきます。

グーグルの会話型AIサービス「Bard」

アメリカの新聞社ニューヨークタイムズは、「会話型AIサービスはグーグルの検索サービス事業を将来的に置き換える可能性があるとの危機感を抱き、グーグルの幹部が社内に対して『コード・レッド（非常事態）』を宣言した」と報道しました。

グーグルは、インターネット検索サービス、Gメール、ユーチューブなどのさまざまなウェブサービスを通じて、ユーザーの興味関心や検索履歴などのデータを収集し、これらのデータを活用することで、広告主のターゲットユーザーが関心を持ちそうなコンテンツを表示する、広告プラットフォームビジネスを行っています。特にインターネット検索事業は、同社の中核のビジネスであり、これまで多くのユーザーが、膨大なインターネットの世界から必要な情報を探し出すために、グーグルを使ってきました。

グーグルの検索サービスは、キーワードに関連深いウェブページのリストを提示するだけで、ユーザーはそのウェブページを自ら確認し、知りたいことを見つける必要がありました。しかし、ＣｈａｔＧＰＴはユーザーが知りたいことを直接的に回答してくれます。グーグルは、このようなサービスが、近い将来に検索サービスの脅威になると判断したと考えられます。

グーグルは２０２３年3月に会話型ＡＩサービス「Ｂａｒｄ」の提供を開始しました。ＢａｒｄはＣｈａｔＧＰＴのように専用のウェブサイトで質問を入力すると、文章で回答してくれるユーザーインターフェースを持っています。２０２３年5月時点では有料のプランはなく、無料で使うことができます。まずはアメリカおよびイギリスから一般公開を始めて、同年5月には英語に加え、日本語と韓国語にも対応したことを発表しました。今後、40言語に対応する予定です。

Ｂａｒｄは当初、グーグルの大規模言語モデルＬａＭＤＡ（Language Model for Dialogue Applications）をベースに開発されましたが、２０２３年4月により高性能な大規模言語モデルＰａＬＭ（Pathways Language Model）に変更しました。大規模言語モデルの性能指標となるモデルのパラメータ数は、ＬａＭＤＡが１３７０億で、ＰａＬＭが５４００億になるそうです。ＰａＬＭはＧＰＴ－３（１７５０億パラメータ）と比べて、およそ3倍ものパラメータ数を持つ大規模言語モデルを開発したことになります。

なお、グーグルは同年5月に開催された年次イベント「グーグルＩ／Ｏ」で、ＢａｒｄのベースをＰａＬＭから、次期バージョンの大規模言語モデルＰａＬＭ２に切り替えたことを発表しています。これにより、Ｂａｒｄは高度な数学推論スキルやコーディング機能などに対応しました。このコーディング機能はＢａｒｄ の人気用途の1つになっています。あわせて、グーグルは、Ｂａｒｄの質問と回答時にテキストだけでなく画像も使えるようにすると発表しています。

アマゾンの生成AIプラットフォームとアレクサの進化

ＡＷＳ（Amazon Web Services）は、２０２３年4月に生成ＡＩプラットフォーム「アマゾンベッドロック（Amazon Bedrock）」を発表しました。これは、主要なＡＩスタートアップやアマゾンが開発した生成ＡＩモデルをＡＰＩ経由で利用できるプラットフォームサービスです。

言語モデルとしては、ＡＷＳが開発した「アマゾンタイタン（Amazon Titan）」や、イスラエルのスタートアップ企業ＡＩ21ラボ（AI21 Labs）が開発した「ジュラシック−２（Jurassic-2）」、サンフランシスコのＡＩスタートアップ企業アンスロピック（Anthropic）が開発した「クロード（Claude）」などが使えるようになります。ユーザーニーズに合わせて、さまざまな言語モデルや生成ＡＩモデルをＡＷＳの環境上で選択して使えるため、サービスの開発や提供の観点で、自由度が高いことが特徴になります。ベッドロックは、ＣｈａｔＧＰＴやグーグルのＢａｒｄのような会話型ＡＩサービスをユーザーが独自に開発するためのプラットフォームを提供しています。

アマゾンは、２０２３年5月にＡＩアシスタント「アレクサ」を搭載したデバイスが全世界で5億台を突破したと発表しました。アレクサに対して生成ＡＩの機能を追加していくことで、デバイスを進化させるとコメントしています。ウェブブラウザからテキストでコミュニケーションを取るＣｈａｔＧＰＴに対して、アマゾンは声でコミュニケーションを取るスマートスピーカー（エコー）のＡＩアシスタント（アレクサ）に大規模言語モデルを適用することで、会話型ＡＩサービスの進化を目指しているといえるでしょう。

オープンソースの大規模言語モデルの進化

フェイスブックなどを運営するメタの研究組織メタＡＩリサーチは、２０２３年2月に大規模言語モデル「ラマ（ＬＬａＭＡ：Large Language Model Meta AI）」を発表しました。この言語モデルの大きな特徴は、研究者向けに非商用利用ライセンスでモデルを公開したことです。ラマは4つのパラメータのバージョンがあり、小さい順に70億、１３０億、３３０億、６５０億のモデルが提供されています。

ＧＰＴ－３（１７５０億パラメータ）の10分の1以下のパラメータサイズのラマ（１３０億パラメータ）であっても、複数の自然言語処理のベンチマークで、ＧＰＴ

ー3の成績を上回ったそうです。

また、このモデルは単一のGPUで動かすことができるため、大規模なインフラが用意できない研究者でも、言語モデルの研究が可能になります。実際、ラマをベースにした新しい大規模言語モデルが次々と発表されています。たとえば、スタンフォード大学のスタンフォードアルパカ（Stanford Alpaca）、カリフォルニア大学バークレー校のコアラ（Koala）、カリフォルニア大学バークレー校、カーネギーメロン大学などのビクーニャ（Vicuna）がそれにあたります。ただし、これらの言語モデルは、残念ながら非商用ライセンスでの公開になります。

一方で、ラマをベースにしない商用利用可能なオープンソースの大規模言語モデルも登場しています。AIプラットフォーム企業のデータブリックス（Databricks）は、2023年4月に商用利用可能なオープンソースの大規模言語モデル「ドリー（Dolly）2・0」を公開しました。また、イギリスのAI企業スタビリティAIも同年4月に商用利用可能な大規模言語モデル「ステーブルLM（StableLM）」を発表しています。

中国テック企業ＢＡＴＨの取り組み

今、世界の巨大ＩＴ企業が大規模言語モデルや会話型ＡＩサービスの取り組みを進めていますが、中国でも同様の動きが見られます。中国の巨大ＩＴ企業は「ＢＡＴＨ」と呼ばれています。これは、各企業の頭文字を取ったもので、「Ｂ：Baidu（バイドゥ）」「Ａ：Alibaba（アリババ）」「Ｔ：Tencent（テンセント）」「Ｈ：HUAWEI（ファーウェイ）」で、ＢＡＴＨになります。

インターネット検索大手のバイドゥは、２０２３年2月にＡＩチャットボット「文心一言（ERNIE Bot）」を発表しました。同年5月の発表によると、15万社以上の企業が文心一言のトライアルに応募してきているそうです。

ＥＣ大手のアリババは、２０２３年4月に大規模言語モデル「通義千問（Tongyi Qianwen）」を発表しました。まずは、同社が提供する企業向けコミュニケーションツール「ディントーク（DingTalk）」や、スマートスピーカー「天猫精霊（Tmall Genie）」に導入する予定です。通義千問は英語と中国語に対応しており、画像理解やテキストから画像への変換を含む、マルチモーダル機能も近日中に追加される予定です。

また、大手通信機器メーカーのファーウェイは、2023年3月に会話型AIサービス「盤古」を発表しました。同社の新型のスマートフォンに搭載予定です。中国メディアの報道によると、インスタントメッセンジャーサービスのウィーチャットなどを提供するネットサービス大手のテンセントも大規模言語モデル「混元」を開発中です。

開発が始まる日本語に特化した大規模言語モデル

ChatGPTやグーグルのBardなど、海外の企業が開発した大規模言語モデルは、その学習データの多くが英語になっています。たとえば、GPT－3の場合は学習データの約93%が英語で、英語以外の言語のデータは約7%です。そのため、英語で指示するのに比べて、日本語で指示したときのタスクの精度が低いことが指摘されていました。この課題を解決するためには、日本語に特化した大規模言語モデルの開発が有効な手段の1つになります。

サイバーエージェントは、2023年5月に日本語に特化した大規模言語モデル

「オープンＣＡＬＭ」を発表しました。オープンＣＡＬＭは、最も大きなモデルでパラメータ数が68億となっており、商用利用可能なオープンソースとして一般公開を始めています。また、元女子高生ＡＩチャットボットの「りんな」を開発するｒｉｎｎａも２０２３年5月に日本語に特化した汎用言語モデルと、対話型言語モデルを公開しています。

より巨大な大規模言語モデルの開発も始まっています。２０２３年5月に東京工業大学、東北大学、富士通、理化学研究所は、スーパーコンピューター「富岳」を活用した大規模言語モデルの開発を始めると発表しました。大規模言語モデルは、インターネットやスマートフォンのように社会全体を変革する力を持つ革新的な技術であり、研究開発、経済社会、安全保障などの観点でも基盤技術になるといえます。そのため、学術用途や産業用途にも幅広く使える、商用利用も可能なオープンソースの大規模言語モデルの開発を目指すことになりました。

本研究では、ＧＰＴ－３なみの１７００億パラメータの大規模言語モデルを富岳のリソースの5分の1を使って1カ月程度で開発する計画です。２０２４年度中には本研究成果を一般向けに公開する予定です。

すでにご紹介した通り、汎用人工知能の実現によって、ＡＩが人間の知能を超えて高度なタスクの解決能力や創造性を持つようになる「シンギュラリティ（技術特異点）」の到来は、２０４５年ごろになるだろうといわれてきました。２０４５年というのは、未来学者レイ・カーツワイル氏が書籍『ポスト・ヒューマン誕生』で、述べたことに起因しています。一方で、現在の技術では、人間の知性を機械が完全に理解できているわけではないため、当分の間はそのようなことは起こらないだろうともいわれています。

しかし、ＣｈａｔＧＰＴが実現した、深く幅広い知識や人が話すような自然な回答は、まだ見ぬ汎用人工知能の実現可能性について改めて考えさせるのに、十分なインパクトを世の中に与えたといえます。これまでお話しした会話型ＡＩや大規模言語モデルのさまざまな進化により、私たちは今、プレ・シンギュラリティ状態に差し掛かりつつあるのかもしれません。

第3章

AIの進化と生成AI

1 生成AIの誕生

生成AIとは文章や画像、音声や動画を作り出す人工知能による技術です。英語の表記をカタカナ読みして、ジェネレーティブAIとも呼ばれます。英国のスタビリティAIは、2022年8月、画像生成AI「ステーブルディフュージョン」を公開し、フォトリアルなコンピューターグラフィックスや緻密なイラストをわずか数秒で生成するなど、世界中の人々に衝撃を与えました。そして、オープンAIは2022年11月、対話型生成AIサービス「ChatGPT」を開始し、生成AIブームは一気に過熱していきます。

敵対的生成ネットワーク

生成AIに多大な影響を与えた技術は、2014年にカナダのモントリオール大学の学生であったイアン・グッドフェロー氏らによって考案された「敵対的生成ネットワーク」です。グッドフェロー氏は、スタンフォード大学ではアンドリュー・ヌグ氏に師事し、モントリオール大学ではヨシュア・ベンジオ氏に指導を受けるなど、ディープラーニングの権威の薫陶を受けた研究者です。

敵対的生成ネットワークは、画像や音声などを作り出すＡＩと、それが本物か作り出されたものかを判別するＡＩとを繰り返し競わせることで、本物に迫るデータを生み出す仕組みになっています。このため、敵対的生成ネットワークは、その学習のようすから、偽札を製造する犯罪組織と偽札を見破る警察の絶え間ない競争にたとえられることもあります。敵対的生成ネットワークは、リアリティの高い人の顔の画像が生成できるとして話題になり、一躍「生成ＡＩ」という言葉を広げる立役者になりました。

「かつての生成AI」と「現在の生成AI」の違い

ステーブルディフュージョンやＣｈａｔＧＰＴのような「現在の生成ＡＩ」は、敵対的生成ネットワークを用いた「かつての生成ＡＩ」と比べ、何が画期的なのでしょうか。

かつての生成ＡＩは、人とＡＩとのやり取りは一方通行で、便利なフィルターや変換ツールにとどまっていました。しかし、現在の生成ＡＩは、まるでコンピューターをコマンドラインで操作するように「プロンプト」を通じて、人と対話しながら、画像やテキストなどを生成できるのです。

ステーブルディフュージョンのプロンプトは、ホームページの画像に添えられる文章や有名な画像サイトの名称を用いて操作する呪文のようなもので、いわば「かたこと」によるやり取りが中心でしたが、ＣｈａｔＧＰＴでは、人が人に依頼するような、より自然なやり取りが可能になっています。プロンプトによって、生成ＡＩと人は「言葉」を通わしあい、共創が可能となったといえます。

かつての生成ＡＩは、画像生成であれば、画像だけを学習していましたが、昨今は、画像に付随するキャプションのようなテキストを合わせて学習したり、言語の特徴をウィキペディアのようなテキストから学んだりするようになっています。つまり、ＣｈａｔＧＰＴのようなテキストを取り扱うものはもちろん、現在の生成ＡＩの多くは、生み出す対象によらず、「共通知識」として言語を学ぶようになっているのです。

認識系AIと生成AI

音声認識のような認識系ＡＩと生成ＡＩとはどのような関係となっていくのでしょうか。認識系ＡＩは、音声からテキストを書き起こすなど、情報を取り出す「抽出器」として働きます。センサーで得たデータから価値ある情報を引き出せるため、機械と比べ有用ではありますが、知性は感じられず「高度な道具」の域を出ません。

一方、生成ＡＩは、文章生成を例に挙げると、「入力した商品情報を活用して、お客様への提案文を用意して」という依頼文と商品情報（スペック）を与えれば、気の利いた商品提案文を書き上げるなど、情報を作り出す「拡張器」として働きます。出力結果がイメージと異なれば、プロンプトによるやり取りを繰り返し、内容を改めるなど、まるで「有能な秘書やアシスタント」のように振る舞うことができます。生成ＡＩは知識を活用して入力された情報から、より価値のある情報を生み出せるなど、機械を超えた知性を感じさせます。

認識系ＡＩと生成ＡＩとは、抽出器と拡張器という真逆の役割を果たし、互いに補完関係にあります。このため、両者は今後も共存していくと思われます。

図3-1　認識系AIと生成AI

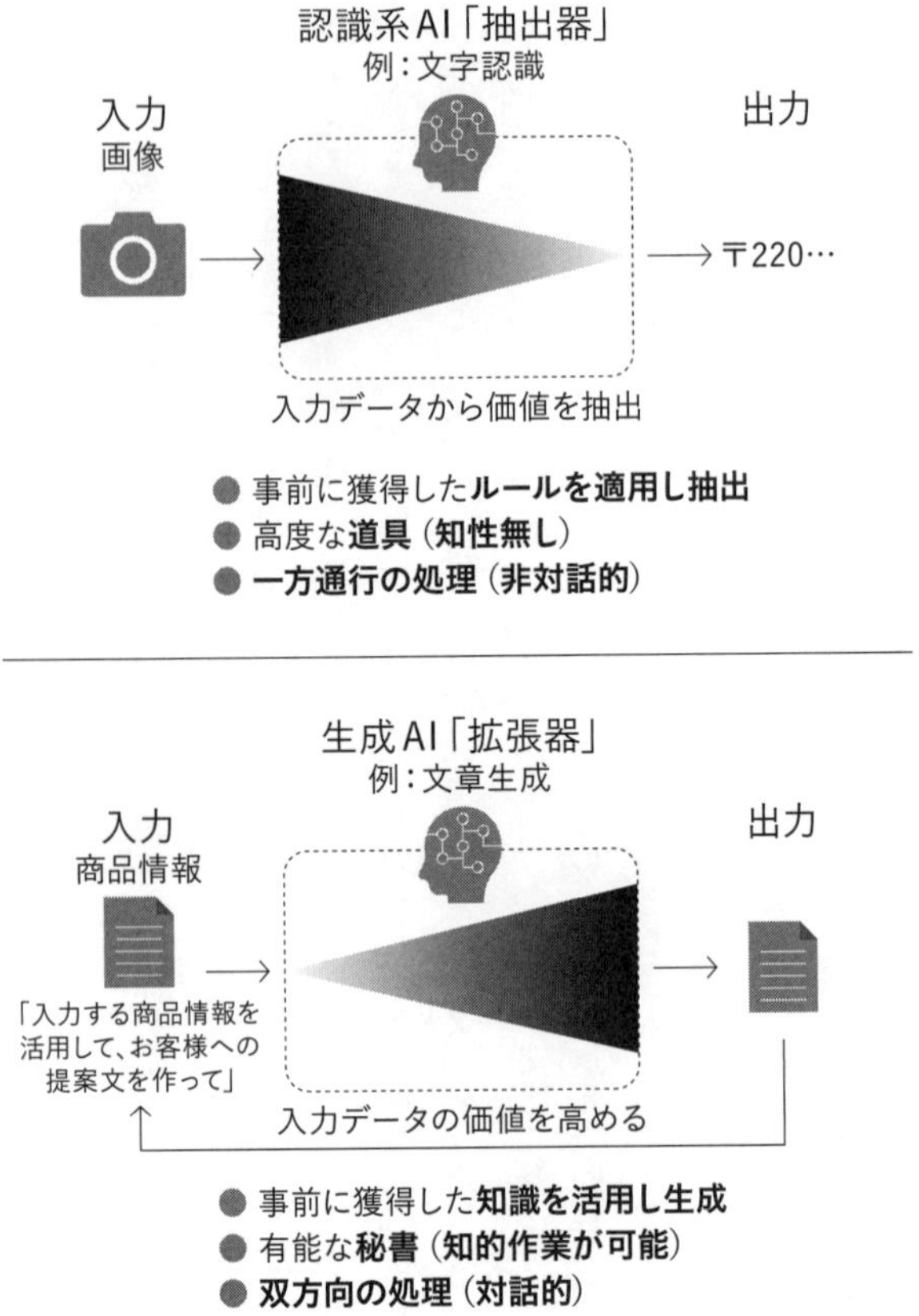

認識系AI「抽出器」
例：文字認識
入力
画像
出力
〒220…
入力データから価値を抽出
● 事前に獲得した**ルールを適用し抽出**
● 高度な**道具**（**知性無し**）
● **一方通行の処理**（**非対話的**）
生成AI「拡張器」
例：文章生成
入力
商品情報
出力
「入力する商品情報を活用して、お客様への提案文を作って」
入力データの価値を高める
● 事前に獲得した**知識を活用し生成**
● 有能な**秘書**（**知的作業が可能**）
● **双方向の処理**（**対話的**）

出所）野村総合研究所

次節以降では、ＧＰＴやステーブルディフュージョンなど、近年話題になっている生成ＡＩの誕生秘話や、関連技術について紹介していきます。

2 GPT－3：大規模言語モデルが開いたフロンティア

人の言葉をコンピューターで取り扱う技術は、自然言語処理と呼ばれます。自然言語（人の言葉）は、文脈によって意味が変化するため、コンピューターにとってプログラミング言語と比べ取り扱いが難しい言語です。

人が話したり、書いたりする言葉を、連続する単語の出現確率として表したものが「言語モデル」です。たとえば、「あけまして」に続く単語列は「おめでとうございます」と続く可能性が高いなどと予測します。与えられた「単語」に対して、次の単語を予測できれば、それが積み重なれば「文」となり、文と文が重なれば「文章」となるため、原理的には「質問文」に対する「回答文」の生成も可能です。

トランスフォーマーの誕生

２０１２年にトロント大学のジェフリー・ヒントン教授などが率いるチームにより、ディープラーニングによる画像認識の画期的な性能向上が報告されました。その後、言語モデルへもディープラーニング技術は波及し、「リカレントニューラルネットワーク（再帰型ニューラルネットワーク）」をベースにしたさまざまなモデルが考案されました。

リカレントニューラルネットワークとは、一度、出力されたデータが再び入力となる、「ループ構造」を持ったニューラルネットワークです。テキストのような連続するデータを取り扱う際に適したモデルと当時は考えられていました。数ある改良の中でも、言語モデルに効果を発揮したのが、「アテンション機構」です。

アテンション機構は、人が言葉を理解する上で、当たり前のように行っている、文字と文字との関係や文の持つ構造に「注目」する機能をＡＩに持たせたものです。

たとえば、人は翻訳文を組み立てる際に、どの単語とどの単語が関係し、どう文章を作り上げればよいのか思考します。ＡＩがどの文字列に注目して推論すべきか、文字列を数値に置き換えたベクトルが、どれくらい似ているか計算することで得られます。アテンション機構を組み込んだニューラルネットワークは、学習を繰り返すことで、データの中に埋もれていた関連性を抽出できるようになります。

アテンション機構により、リカレントニューラルネットワークの翻訳精度は向上しました。しかし、リカレントニューラルネットワークは、逐次処理に基づくネットワークになっているため、依然として学習に時間がかかるなど課題を抱える技術でした。当面、自然言語処理の進化は望めないのではと思われ始めていました。状況が一変したのは、２０１７年12月にグーグルの研究者らが考案した「トランスフォーマー」と呼ばれるモデルの誕生でした。トランスフォーマーは、機械翻訳の分野で従来モデルを大きく上回る最高精度を叩き出したのです。

トランスフォーマーのアイデアは、いたってシンプルです。課題の多いリカレントニューラルネットワークをいっそのこと取り除き、アテンション機構からなるネットワークを中心に積み上げ、モデルを再構成してはどうかというものでした。

リカレントニューラルネットワークは、先頭から順に読み込み処理すれば、翻訳や要約などがうまくいくのではないかという、仮説に基づいて設計されたモデルでした。このような設計者の立てる仮説は、「帰納バイアス」と呼ばれ、うまくいく場合もあれば、うまくいかない場合もあります、自然言語処理では、あまりうまくいっていなかったのです。

トランスフォーマーでは、人はアテンション機構のような部品を最低限設計し、できるだけ自由度高くつなぎあわせ、どのように処理するようになるかは、学習に任せることにしました。この結果、高い精度と汎用性を兼ね備えた画期的なネットワークが生まれました。

アテンション機構は再帰構造がなく、並列処理が可能である点も、その後のモデルの大規模化に貢献することになります。アテンション機構に関する一連の成果は、「Attention Is All You Need」という論文にまとめられました。執筆者の中には、ルカシュ・カイザー氏のようにその後、オープンAIに移り、GPT－3などの大規模言語モデルのフロンティアを切り開いていく研究者が含まれていました。

BERTへの発展

トランスフォーマーは、一見すると複雑に見えますが、「エンコーダー」と「デコーダー」の2つの機能をつなぎ合わせたシンプルな構造になっています。エンコーダーは、入力データを数値化するなど、その後の取り扱いを容易にするための「符号器」の役割を担います。一方、デコーダーは数値化されたデータを入力時の元の形式に戻す「復号器」の役割を担います。

研究者らが、トランスフォーマーの構造を見て注目したのは、エンコーダーでした。エンコーダーを、さまざまなデータに隠された関係を抽出する「汎用解析器」と捉えたのです。そして、2018年10月、グーグルの研究者によって、トランスフォーマーを活用した新たなモデル「BERT(Bidirectional Encoder Representations from Transformers)」が誕生しました。

BERTは、トランスフォーマーの中の「エンコーダー」からなるネットワークを用意し、「事前学習」という手法を用いて作られるAIです。事前学習とは、目的のAIを開発する上流工程として、基本的な特徴を学習させる手法です。BERTでは、大量のテキストデータを活用して言語の特徴をエンコーダーに獲得させます。

本来、トランスフォーマーでは、エンコーダーで抽出した情報をデコーダーに入力し、英日翻訳タスクであれば、英語文から適切な日本語文が生成されるよう学習します。では、デコーダーのないBERTは、何を目標に事前学習しているのでしょうか。BERTのB、「Bidirectional＝双方向」が秘密を解き明かしています。

オリジナルのトランスフォーマーでは、入力文から次の単語を予測していましたが、BERTでは、まるで入学試験の穴埋め問題のように、文の前後関係から隠された文字列を推測します。具体的には、インターネット上の大量のテキストを活用し、MLM（Masked Language Model）とNSP（Next Sentence Prediction）という2つの問題を解くことで事前学習を進めます。

MLMは、単語の穴埋めや置き換えに相当する問題を機械的に生成し解かせるものです。入力文に対して、任意の15％の文字列を選択し、そのうち「80％を［MASK］という表現で置き換える（穴埋め問題）」「10％を別の単語で置き換える（置き換え箇所を当て、修正する問題）」「10％を置き換えない（文章としての正しさを確認する問題）」という処理を行い、学習データとします。すべての問題を［MASK］の穴埋め問題としないのは、穴埋め問題に過度に最適化されるのを避けるためです。MLMによって、単語を推論できるようになります。

NSPは、文章を2つ、ランダムに抽出し、隣接しているか問う問題です。NSP

によって文章の特徴、たとえば一連のストーリーを語る物語であったり、質問文に対する応答文であったり、文と文の関係を捉えられるようになります。

ＢＥＲＴは事前学習の後、デコーダーとなる層を追加し、ファインチューニングします。解かせたい問題とその解答のペアを学習することで、具体的なタスクに特化し、ＡＩを完成させるのです。

ＢＥＲＴは、自然言語処理のベンチマークＧＬＵＥ（General Language Understanding Evaluation）を用いて評価されました。ＧＬＵＥは、文が文法的に正しいか否かを分類する問題など、8つの種類からなる問題を解き、正答率によって評価するものです。ＢＥＲＴは当時の最高といわれたモデルを凌駕する性能を出し、注目を集めました。翻訳で高い精度を発揮したトランスフォーマーが、自然言語処理の他のタスクにも極めて有効であることを証明したのです。自然言語処理のブレイクスルーは、もうすぐそこまで来ていました。

オープンＡＩの時代

オープンＡＩは、２０１５年、開かれたＡＩの研究を目的にイーロン・マスク氏などが出資し、非営利組織としてスタートしました。ＡＩの発展という崇高な目標を掲げて始まったものの、グーグルなどの営利企業の研究と比べ、成果は限られていました。

オープンＡＩは、２０１８年6月、トランスフォーマーを応用したテキスト生成ＡＩ「ＧＰＴ」を発表しました。従来のモデルと比べ性能が向上したとはいえ、わずか数カ月後には、グーグルのＢＥＲＴにＧＬＵＥのベンチマークの全項目で結果を塗り替えられるなど、期待された成果からは程遠いものでした。運営方針の違いなどからイーロン・マスク氏も、２０１８年に同社の経営から離れました。

転機となったのは、２０１９年でした。オープンＡＩは、２０１９年2月、最後の賭けにでるようにＧＰＴ－１を大規模化したテキスト生成ＡＩ「ＧＰＴ－２」を発表しました。ＧＰＴ－２は、パラメータ数が、ＧＰＴ－１の10倍の約15億へと大幅に増加しました。また、学習データは約10倍となっています。

オープンＡＩの取った戦略は、意外なものでした。当時最先端であった、グーグルのＢＥＲＴが双方向のアプローチなど、人の「知見」を組み込み、性能を向上したのに対し、オープンＡＩは「規模」を追うことにしたのです。

BERTは、双方向になることで、オリジナルのトランスフォーマーと比べ、学習データに有効活用できるデータが15％に限定されるなど、学習効率の悪さが課題でした。オープンAIは、双方向とはせず、オリジナルのトランスフォーマーと同じく入力文から次を予測する単方向のエンコーダーを採用しました。BERTと比べ学習効率を落とさない分、モデルをさらに巨大化できたのです。

GPT－1からGPT－2へと進化したことで、新たに獲得した性質が、ゼロショット（初見）への適応力の高さです。つまり、初めて見るような問題に対しても、GPT－2は従来よりも高い正答率を獲得しました。GPT－2は、トロント大学のヘクター・レヴェック氏によって提案された自然言語処理の性能を評価するテスト「ウィノグラード・スキーマ・チャレンジ」など10種類の試験の結果、その多くで当時の最高性能を記録しました。

GPT－3への進化

オープンAIは、2020年6月、GPT－2の約100倍の規模の1750億のパラメータからなる「GPT－3」を発表しました。学習データも巨大化し、複数のデータソースを組み合わせています。

そのうち、60％と大半を占めるのは、コモンクロールと呼ばれる米国の同名の非営利団体名が、インターネット上のデータを収集し、公開したデータです。コモンクロールのオリジナルデータには、学習を妨げる質の悪いデータが含まれていることが確認されたため、質の良い部分だけを取り出すよう工夫されています。

1つは、オープンAIがGPT－2のために用意した学習データ「ウェブテキスト」を見本とすることです。ウェブテキストはオープンAIが学習に好ましいと思われる文章を1つ1つ集めたデータになっています。コモンクロールのデータを同様に解析して作業するのは現実的ではないため、ウェブテキストのような文章を高品質な文章の「見本」とみなすAIを開発し、抽出させました。その後、繰り返し登場する文章を削除しています。これは、過剰に学習データに最適化され、かえって精度が落ちる「過学習」を防ぐための措置です。

モデルの大型化は設計次第で可能ですが、学習に必要なデータの拡大は容易ではありません。GPT－3が活用したコモンクロールは、もともと機械学習用のデータセットを開発するために整備されたデータではなく、インターネット上のデータの長期保存、つまりアーカイブを目的に集められているものです。

優れたAIを開発するためには、良い学習データが欠かせません。良い学習データを得るために、便利なツールとしてAIを活用するのは、オープンAIに限らず、今日、多くの研究者が取り入れている方法の1つです。GPT－3の論文を読むと、学習データの獲得や整備がAIの研究にとっていかに重要であるか理解できます。

モデルの巨大化と同時に課題となったのは、学習です。オープンAIは、2019年のマイクロソフトの出資によって研究のための資金を獲得し、同時にAIの開発に必要な学習環境の構築でも密かに合意していました。GPT－3ほど巨大なモデルは過去に例がなく、必要とされる学習環境を調達することは困難であったのです。

オープンAIのための専用環境の存在が明らかとなったのは、2020年5月に開催されたマイクロソフトの開発者向けカンファレンス「ビルド2020」の中での発表でした。

マイクロソフトが開発したシステムは、複数の高性能コンピューターを接続したクラスターと呼ばれるタイプのものでした。合計28万5000個のCPUと1万個の高性能なGPUから構成され、400ギガbpsの超高速ネットワークで接続されています。マイクロソフトの発表によると、このシステムは、マイクロソフトのクラウドサービス「アジュール」のデータセンター内に設置され、オープンＡＩの専用システムとして提供されました。

ＣＰＵやＧＰＵの数から推測されるように、当時のスーパーコンピューターランキングでトップ5位に入る性能を持つ、事実上のＡＩスーパーコンピューターであったのです。マイクロソフトによるインフラの支援は、ＧＰＴ－３の開発を成功させるうえで、欠かせないものでした。

モデルが巨大化した効果はてき面でした。特別なチューニングなく、多くの自然言語処理のベンチマークテストで他のモデルを凌駕したり、特別なチューニングを施した別のモデルに匹敵したりする性能を発揮しました。

新たな機能として「発現」したのが、「フューショットラーニング」です。フューショットラーニングとは、数例の例示を参考に、問いの答えを推測する機能です。ＧＰＴ－３では、入力されたテキストに続く文を予測する機能がさらに進化し、事前に学習したデータをもとに質問に続く答えを予測するだけでなく、まるで学生が参考書を読むように、「例題」を参照しながら「問題」を解くことが可能になったのです。

その場で与えられた例題から意図を抽出し、問題を解けるというのは、画期的な機能でした。フューショットラーニングは、その後、プロンプトエンジニアリングとして開花することになります。

GPT－3はGPT－2と比べ改善されたとはいえ、長い文を生成しようとすると、文章が破綻したり、突然、何の脈絡もない話題にとんでしまったりするなど、「何か」が欠けている状態でした。また、インターネット上のデータを学習した結果、倫理的に好ましくない回答を生成する場合が散見されるなど、実用面では課題を残す結果となりました。

3 ステーブルディフュージョン：プロンプトグラフィの衝撃

英国のスタビリティAIの開発した画像生成AI「ステーブルディフュージョン」は、2022年8月に発表されるや、AIのコミュニティサイトなどを運営するサイト「ハギングフェイス」で公開されました。スタビリティＡＩは、ステーブルディフュージョンの商用利用も認めたことで、新技術に関心の高いエンジニアを中心に爆発的にユーザーを増やしていきました。

画像生成ＡＩでは、オープンＡＩが２０２２年７月に「ＤＡＬＬ－Ｅ２」を先行して公開していましたが、利用が一部のユーザー限定されていたこと、モデルやコードは非公開であったことなどから、後に公開されたステーブルディフュージョンに画像生成ＡＩの話題を一挙にさらわれた形になりました。プロンプトを使って生成される、フォトリアルな写真風の画像は、フォトグラフィになぞらえ、「プロンプトグラフィ」と呼ばれ、一部のユーザーの間では、写真を超えるインパクトとして捉えられました。

ステーブルディフュージョン誕生の秘密

ステーブルディフュージョンは誰が、どのようにして開発したのでしょうか。開発の元になったのは、ルートヴィヒ・マクシミリアン大学ミュンヘン（通称：ミュンヘン大学）のロビン・ロンバッハ氏とパトリック・エッサー氏らの研究です。具体的には、世界的な画像処理学会であるCVPR（Computer Vision and Pattern Recognition Conference）の2022年の大会で発表された論文「High-Resolution Image Synthesis with Latent Diffusion Models」での成果が活用されています。この研究では、潜在的拡散モデルと呼ばれる画像生成の手法が用いられています。潜在的拡散モデルは、オリジナルの画像や音声にノイズを加えたデータから、もとのデータを復元するアイデアに着想を得ています。

ロンバッハ氏らの考案したモデルは、画像データを直接取り扱う代わりに、画像の特徴を抽出し、潜在的拡散モデルの課題であった計算量の削減に成功しています。画像データを取り込む際には、敵対的生成ネットワークをもとに作られたエンコーダーが活用されています。

画像から、その特徴を示すベクトルに変換されたデータは、ディフュージョンプロセス（拡散過程）と呼ばれる、ノイズを加える処理を経て、学習データとなります。次に、ノイズの多いデータからもとのデータを復元するデノイジングプロセス（ノイズ除去過程）が試みられます。この処理では、ディフュージョンプロセスで加えられたノイズを解除し、生成されたデータともとのデータとの差分が小さくなるようにニューラルネットワークが調整されます。最終的に、ノイズが取り除かれたデータは、敵対的生成ネットワークで作られたデコーダーを介して、画像へと復元されます。

画像に与えられたキャプション（説明文）は、このデノイジングプロセスの際に付加情報として取り込まれます。この処理には、オープンＡＩが２０２１年1月に公開した「ＤＡＬＬ－Ｅ」に活用された「ＣＬＩＰ（Contrastive Language-Image Pre-Training)」が利用されています。ＣＬＩＰは、画像に与えられたキャプションを複数の候補の中から推測する問題を解くことで構築されるＡＩです。

具体的には、キャプションのテキストをベクトルに変換するテキストエンコーダーと、画像をベクトルに変換する画像エンコーダーから構成されています。ＣＬＩＰは、大量の画像とキャプションの中から、正解のペアを探します。正解を導くカギになるのが、「コサイン類似度」と呼ばれる統計学や数学で用いられる計算手法です。

コサイン類似度は、プラス1からマイナス1の間の数値を取る尺度で、２つのベクトルの関係を捉えられます。プラス1に近いほど、２つのベクトルは「似ている」といえ、マイナス1に近いほど「似ていない」といえます。また、０に近い場合は、「無関係」という状態を示します。画像の示すベクトルとキャプションを示すベクトルとのコサイン類似度が「1（似ている）」に近い数値となるように、画像エンコーダーとテキストエンコーダーを調整できれば、この2つのエンコーダーは、画像とテキストに共通する特徴を抽出できたといえます。

学習の結果、CLIPは、テキストから想起される画像の特徴を捉えたベクトルを作り出したり、逆に、画像を表現する特徴を捉えたベクトルを作り出したりすることが可能になります。このためCLIPは、画像とテキストの「橋渡し」になる技術といえます。

ステーブルディフュージョンでは、CLIPのテキストエンコーダーを活用し、プロンプトとして入力されたテキストから想像される画像の特徴を表したベクトルを生成し、デノイジングプロセスに入力します。取り込まれたテキストデータは、画像を生成したり、画像を調整したりするような効果を発揮します。つまり、この一連の機能は、生成AIならではの操作、プロンプトの実現につながるのです。

ステーブルディフュージョンでは、同じプロンプトでも生成される画像が常に同じとは限りません。これは、乱数によって生成されたノイズ画像のベクトルとプロンプトから抽出されたベクトルとを掛け合わせて画像を生成しているためです。もちろん、同じバージョンのステーブルディフュージョンに、同じ乱数の数値を設定し、同一のプロンプトを用いれば、まったく同じ画像を生成することも可能です。

LAIONによる質の高いデータの提供

ステーブルディフュージョンの開発には、ドイツの非営利団体「LAION(Large-scale Artificial Intelligence Open Network)」が構築した画像と説明文（テキスト）のペアからなる50億のデータ「LAION－5B」が活用されています。

LAIONは、ドイツのハンブルグに住む高校教師のクリストフ・シューマン氏によって、誰もがAIの利益を等しく享受できることなどを目的に2021年に設立されました。LAIONの取り組みの背景には、オープンAIが画像生成AI「DALL－E」の公開にあたり、学習に用いられたデータセットを公開しなかったことが少なからず影響しています。シューマン氏は、研究に必要なデータセットがなければ、論文で語られたアイデアを検証したり、改良したりする手段が限られ、AIの発展に支障をきたすと考えたのです。LAIONのデータセットは、GPT－3と同じくコモンクロールのデータをもとに作成されています。

ＬＡＩＯＮは、まずコモンクロールのデータを解析し、画像のキャプションを示すＨＴＭＬタグの「ａｌｔ属性」を探します。その後、ペアとなる画像を取得します。機械的に抽出し、ペアとなるデータを積み上げることで、データセットを構築できますが、問題はキャプションの品質です。インターネット上で収集されるデータは、必ずしも適切なキャプションが与えられたものばかりではありません。

そこで、ＬＡＩＯＮはＣＬＩＰによって、画像とキャプションとが適切な関係であるか評価し、コサイン類似度の高いもの、つまり、相関の高い良いペアに限りデータセットに含めています。この品質の高いデータセットがあったことで、ステーブルディフュージョンの開発は成功したといっても過言ではありません。

オープンCLIPの登場

その後、ステーブルディフュージョンは、２０２２年8月に公開されたバージョン1・0から、改良を加えるなどしてバージョンを積み重ね、２０２２年11月にバージョン2・0をリリースしました。変更点の中でも興味深いのが、プロンプトを操作する上で重要な役割を果たすＣＬＩＰの置き換えでした。

バージョン1までは、競合でもあるオープンＡＩが公開したＣＬＩＰを組み込んでいましたが、バージョン2からは、ＬＡＩＯＮが開発した「オープンＣＬＩＰ」に置き換えられています。

バージョン1とバージョン2を比較したところ、生成される画像の違いについて興味深い報告がされています。たとえば、著名人や有名キャラクターをイメージした画像の生成を試みた場合、バージョン2よりもバージョン1の方がより優れた画像を生成できたのです。

その後、バージョン2・1で改善されていますが、これはＣＬＩＰに用いられた学習データの量や質による影響と思われます。バージョン1に組み込まれていたオープンＡＩのＣＬＩＰのデータセットは公開されていませんが、ＬＡＩＯＮと比べ、著名人や有名キャラクターの画像をより多く収集している可能性が高いと考えられるのです。この事例からも、データセットの与える影響がいかに大きいかがわかります。

画像生成ＡＩのその後の進化

オープンＡＩのＤＡＬＬ－Ｅが技術を切り開き、スタビリティＡＩのステーブルディフュージョンが発展させた画像生成ＡＩは、今後、どのような進化を遂げるのでしょうか。

１つは、静止画から動画への進化が考えられます。たとえばメタは、２０２２年９月、テキストからビデオを生成する動画生成ＡＩ「メイク・ア・ビデオ」を発表しました。メイク・ア・ビデオでは、静止画から動画を生成したり、動画から視点などを変えた別のバージョンの動画を生成したりできます。わずか数行から、ユニークな動画を生成できるこのＡＩは、録画と編集による既存のコンテンツ制作手法に代わる新たな手法として、メタのインスタグラムやフェイスブックなどのサービスに組み込まれていく可能性があります。

また、同様の取り組みを始めている企業は、他にもあります。たとえば、スタビリティＡＩと共に、ステーブルディフュージョンを世に送り出したエンジニアが設立したニューヨークのスタートアップ「ランウェイ」です。ランウェイは、２０２３年２

月に、ＡＩによる動画編集ツール「Ｇｅｎ－１」を公開し、２０２３年3月には、メタと同様にテキストから動画を生成するツール「Ｇｅｎ－２」の開発を公表しています。テキストから音声を作り出す音声合成の技術と組み合わせれば、音声付き動画の生成も可能です。

画像生成ＡＩに関しては、アドビが２０２３年3月に画像生成ＡＩサービス「ファイアフライ」を発表しています。フォトショップのような画像編集ソフトウェアは、プロフェッショナル向けに開発された製品で高機能ですが、日曜カメラマンのような一般のユーザーにとって操作は容易ではありません。

ファイアフライは、複雑なオペレーションの代わりに、何をしたいのかを自然文で伝えることで、情景を春から冬に変えるなど、高度な操作を直感的に適用できます。また、プロンプトからテキストを入力し、フォトリアルな画像や凝ったイラストを生成することも可能です。

アドビでは、ＡＩの学習には自社に権利が帰属する画像や、すでに著作権が失効した画像のみを収集して学習しているなど、生成される画像に対する知的財産権に疑義が生じないよう配慮されています。クリエイターを長年支援してきたアドビならではの取り組みといえます。アドビのような大手が参入したことで、ますます画像生成AIを巡る研究開発やビジネスは発展していくでしょう。

4 ChatGPT：アライメントの劇的な効果

オープンAIは、GPT－3の発表以降、GPTを画像生成AIに応用した「DALL－E」を2021年1月、「DALL－E2」を2022年4月に発表するなど画像生成に注力しているように見えましたが、水面下では静かに新たなサービスに向けた開発を進めていました。

ChatGPTの登場

オープンAIは、2022年11月、対話型生成AIサービス「ChatGPT」を公開しました。

ChatGPTを説明する論文は公開されていませんが、オープンAIによると、2022年3月に同社が公開した論文「Training language models to follow instructions with human feedback」で説明された「インストラクトGPT」のアイデアを応用し、ChatGPTは開発されています。

開発は3ステップに分かれています。

ステップ1として、GPT－3を改良したGPT－3・5に対して、人が作成した対話に関する模範解答を学習させます。模範解答を通じて、知識の中身の正しさよりも、入力文に対してどのように応答すべきか、「基本的な会話のお作法」を獲得させていると推測されます。

前身となるインストラクトGPTの論文によると、学習データの作成には、男性と女性の比率が概ね1対1、ノンバイナリーとして自身の性をどちらにも当てはめないとしたユーザーも数パーセント含まれるなど、多様性への配慮が見て取れます。また、年齢層や学歴による会話の違いも考慮し、一定程度、分散するよう設計されています。

一方で、言語については実に96％を英語によるデータが占め、一見すると、日本語やフランス語など、英語以外に学習の効果がないように思えます。しかし、先の論文によると、英語以外の言語の改善にも効果があったことが報告されています。多言語翻訳を行う大規模言語モデルで以前から指摘されていますが、さまざまな言語に関する大量のデータを学習することで、特定の言語に依存しない言語に共通する普遍的なルールがＡＩの中で獲得され、機能している可能性が考えられます。

ステップ2では、事前作業として、人が好ましいと感じる応答とはどのようなものかモデル化します。ステップ1で改良したＧＰＴ－３・５に質問文などを与え、その応答例を複数パターン生成します。複数の応答例から、人が数値によってランク付けします。たとえば、「役立つ情報か」「正しい情報か」「有害な情報か」など、複数の観点で評価します。このデータをもとに、人がどう感じるか判断することを学んだ「報酬モデル（Reward Model）」を開発します。

ステップ3では、報酬モデルから、より高い評価が得られるようＧＰＴ－３・５をチューニングします。このように、ＡＩに特定の条件下で繰り返し試行錯誤させ、より評価の高い戦略を獲得させる学習手法を「強化学習」と呼びます。ＣｈａｔＧＰＴではこの技術を応用して、人の意図に沿った応答文を返すよう調整しているのです。

ステップ２とステップ３のように、ＡＩをユーザーが期待する価値観や目標に合わせるよう調整する作業を「アライメント」と呼びます。なぜ、アライメントが必要だったのでしょうか。その答えは、データにあります。

学習データの大半を占めると思われるコモンクロールの収集するデータには、インターネット上のありとあらゆる情報が含まれています。フィルターをかけてあるとはいえ、私たちが好ましいと思わないデータや、嫌悪感を抱くようなデータが混在していてもおかしくありません。なぜならＧＰＴ－２を開発する際にオープンＡＩが作り上げたデータセットであるウェブテキストに似た文章であるとして抽出されたデータであって、テキストの内容がどうであるかまで精査されたデータではないからです。

オープンＡＩのアプローチは、膨大なデータを整理するのではなく、学習後に、アライメントによってＡＩはどのような回答を選ぶべきか調整する方法を選びました。これは、ＣｈａｔＧＰＴがＧＰＴ－３と比べ、実用性を高める原動力になったことは間違いありません。

しかし、それと同時に、一部の自然言語処理のタスクでは、性能が劣化することがインストラクトＧＰＴの論文では報告されています。つまり、ＡＩは、人に寄り添うような回答を生み出すようになったことと引き換えに、回答の多様性など、他の性能を犠牲にしているのです。アライメントは、実用性と創発性の観点からは、トレードオフといえるのです。

ＣｈａｔＧＰＴは、このほか、倫理的に好ましくない内容を受け付けず、自らも生成しないようフィルタリングするモデレーションＡＰＩと呼ばれる機能が組み込まれています。ＧＰＴ－３の課題であった倫理に対する対策も試験的ではあるものの実装され始めています。

オープンＡＩが公開時の「制限事項」の中で認めているように、ＣｈａｔＧＰＴの生成する内容は必ずしも事実としての「正しさ」が保証されるものではありません。一方で、人にとって一見すると論理的で自然な応対が可能であるがゆえに、誤った内容を人に正しいものと誤認させる恐れがあるため、現時点では利用には注意を要する技術です。

大規模言語モデルを巡る開発の過熱

オープンＡＩは、ＧＰＴを、さらに大規模化し改良を加えたＧＰＴ－４をリリースしました。一方で、トランスフォーマーを発明し、BERTで自然言語処理の新たな時代を切り開くなど、研究の最前線にあったグーグルも黙ってみているわけではありません。2023年5月に開催された開発者向けイベント「グーグルI／O 2023」では、ChatGPTなどオープンAIに対抗する数多くのサービスが紹介されました。マイクロソフトとグーグルの生成AIを巡る争いは始まったばかりです。

今後は、アマゾンやメタなど、AIにおいて大きなプレゼンスを持つ他の企業も生成AIに本格的に参入してくるでしょう。また、オープンソースによって生成AIを開発し、利活用を進めていく流れも加速すると思われます。日本においても、2023年5月、東京工業大学、東北大学、富士通、理化学研究所が、スーパーコンピューター「富岳」を活用した国産の日本語特化型の大規模言語モデルの開発を発表しました。

このように、生成AIを開発する企業や研究機関がますます増えることで、今後も加速度的に進化していくものと思われます。

5 生成モデルの類型

ステーブルディフュージョンやChatGPTがきっかけとなって始まった生成AIブームですが、世の中には、これら以外にも数多くの生成AIによる製品やサービスがあります。次章の具体的な活用事例に入る前に、技術的な特徴や用途について紹介したいと思います。

文章生成

文章生成は、生成AIブームの中で近年、急速に進化しました。生み出される文章の多様性や質が向上し、登場人物の設定に応じて物語を紡いだり、質問に対して流暢な言葉で回答することが可能になりました。キャッチコピーを考えるなど、マーケティング用途にも適しています。

このほか、相手の悩みに対して傾聴したり、話し相手となってアイデアを深掘りする壁打ち相手となったりするなど、さまざまな用途に利用可能です。

文章要約・校閲

文章要約は、目新しい技術ではありませんが、要約の質が格段に向上しました。かつては、オリジナルの文章から重要と思われる文を抜き出しまとめる、抽出要約と呼ばれるものでしたが、技術発展により、新たに読みやすい文章を作り出す生成要約に進化しています。

校閲は、大量の文章を取り込み学習した大規模言語モデルが登場したことで大幅に実用性を増しています。オープンＡＩが開発するＣｈａｔＧＰＴなどのテキスト生成ＡＩは、文章から誤字や脱字を見つけ修正したり、読みやすい表現に書き改めたりすることが可能です。

翻訳

言語モデルの大規模化や性能向上に大きな貢献をしたトランスフォーマーが初めに活用されたのが、翻訳です。翻訳家のように、表現の持つ地域性や文化面を考慮して、表現を補うことは困難ですが、長文であっても文脈を捉えた流暢な翻訳が可能となっています。

プログラムコード生成

ソフトウェア開発では、「im」と入力すると「import」と予測するような、コード補完機能が活用されてきました。これを発展させ、インターネット上で公開されているオープンソースソフトウェアなどを学習し、プログラマーの記述したコメント文からプログラムコードを生成するＡＩが開発され始めています。

データ分析

テキスト生成ＡＩは、要約機能を応用し、アンケート内の複数のテキストデータを読み込み、その傾向を説明できます。ただし、プロンプトによっては失敗する場合もあり、現在進行形で改善されています。また、オープンＡＩのＧＰＴ－４のように画像として埋め込まれたグラフから数値を読み解き、入力データとして推論に活用できるものも登場しています。

画像・動画生成

画像生成は、以前から画風を変えたり、別人の顔に置き換えたりする製品やサービスが登場していましたが、近年は、テキストで情景を指定してイラストに描きだしたり、写真風のリアルな画像を創り出したりすることが可能になりました。

動画生成は、シンセティックメディア（合成メディア）と呼ばれる技術が生成ＡＩブームの少し前から実用化され始めています。シンセティックメディアは、人の顔の動きを学習したモデルと音声合成技術を組み合わせるなどして作られるリアリティの高い人型キャラクターです。すでに、教育用コンテンツの制作やアナウンサーの代替、接客用のキャラクターとして活用され始めています。

音声生成

音声合成は、かつてはコンピューターが作り出したものと、すぐにわかるような機械的なものでしたが、ディープラーニングの活用により、より自然な音声へと変わりました。ＮＨＫのテレビニュース番組「おはよう日本」では、音声合成で作り出した

「男性アナウンサー」と「女性アナウンサー」が、ニュースの一部を読んでいます。

特定の人の声をまねる「音声クローン（複製）」もＡＩによって進化し、聞き分けがつきにくい状況になり始めています。

世界中で、日々、生成ＡＩを活用した新たなサービスが検討されています。本書で取り上げた類型には当てはまらない、私たちを驚かせる画期的なものが今後も登場するものと予想されます。

第４章

生成ＡＩで変わるビジネス

1　話題の生成AIサービス

テクノロジーというのは私たちの生活に常に影響を及ぼすものですが、1つの革新的なテクノロジーである「生成ＡＩ」も私たちの生活を大きく変え始めています。この技術は、さまざまな職業のビジネスパーソンにも役立つ道具になり得ます。

この章では、生成ＡＩの具体的な利用方法と恩恵について解説します。ビジネスパーソンが生成ＡＩをうまく利用することで、よりクリエイティブで効率的な業務遂行が可能になります。ＡＩの力を最大限活用し、ビジネス活動をさらに快適にしましょう。

生成AIサービスの概要

生成ＡＩは、少ない指示からさまざまなコンテンツを生み出すことのできる人工知能の一種です。たとえばＣｈａｔＧＰＴはたった1行の指示からでも、メールを書いたり、製品のキャッチコピーを考えたり、プレゼンテーションの骨子を作成したりすることができます。これは大量のテキストデータからそのパターンを学習し、それをもとに新たなテキストを生成する能力によるものです。

ＣｈａｔＧＰＴの背後には非常に複雑な計算アルゴリズムが働いているにもかかわらず、ユーザーはそれを意識することなく、自然なコミュニケーションを取ることができるのが特徴です。この取っつきやすさ、利便性が生成ＡＩ最大の魅力といわれています。

たとえば製品コピーや紹介記事などのライティングは、未経験者では書きたいアイデアはあっても文章が自分の中から出てこず、困難さを感じると思います。ライティングは文章力や構成力が必要だからです。しかしＡＩの力を借りれば、生成ＡＩに指示を出すだけで、誰でも自分の声を直接世界に発信できるようになります。生成ＡＩの文章作成能力は、このように人間のコミュニケーション能力の壁を取り払う大きな可能性を秘めています。

もう１つの大きな魅力はその効率性と時間の節約です。たとえば報告書や提案書を作成する際には時間と集中力が必要です。しかし生成ＡＩを使用すれば、その作業時間を大幅に短縮し、人間はより創造的な部分や、戦略に関する重要な部分に思考を集中することが可能となります。まだ生成ＡＩの進化は始まったばかりであるにもかかわらず、実際、すでにパワーポイントを自動で生成してくれるＡＩサービスも登場しています。

生成ＡＩを活用したサービス

1　パワーポイント作成

生成ＡＩのインパクトを具体的に見るために、プレゼンテーション資料を自動で作成するＡＩサービス「イルシル」（https://elucile-lubis.com）および「SlidesGPT」（https://slidesGPT.com）を紹介します。これらは人間の指示した内容に基づいて適切なスライドを生成してくれます。たとえば新商品のプレゼンテーションを行うとき、これに関する情報を入力するだけで、適切なレイアウトやデザイン、文章が選ばれ、整理されたプレゼン資料を入手することができるのです。

プレゼン資料の自動生成といっても、インプットとアウトプットに違いがあります。イルシルはスライドで表現したい内容を自分で用意すれば、スライドのどこに書くかといったレイアウトを提案し、自動でスライドを発行してくれます。たとえば「DX（デジタルトランスフォーメーション）の課題と解決策」というタイトルと「テクノロジーの迅速な進化」といった見出しを与えれば、イルシルは書くべき本文を自動で生成した上でスライドにレイアウトしてくれます。発行したスライドをそのまま提出するところまでは叶いませんが、テキストボックスを設置する、色をつけるといった、あまり戦略的でない部分に割く労力は大幅に削減することができます。

SlidesGPTはプレゼンテーション全体のテーマを指定すると、スライドタイトルや見出しといった構成、本文、さらには画像まで使用して資料作成を全自動で行ってくれます。Slides自体は日本語にも対応していますが、英語で指示をしたほうが良い仕上がりになります。指示した内容によって得意不得意はありますが、プレゼンの骨子としてよくある構成（「背景・目的」「解くべき課題」「深掘り」「解決策」「まとめ」など）を適切に配置してくれることが多いです。まったくの白紙の状態からプレゼン資料を作るのはつらいものです。そういった本質的でない部分の負荷を低減することがSlidesGPTを使えば可能となります。

ただしプレゼン資料生成ＡＩのネガティブな面として、プレゼン資料のクオリティ

図4-1
生成AIによるパワーポイント作成のサービス

	イルシル	SlidesGPT
概要	伝えたい内容を表現するスライドデザインをAIが提案	プレゼンしたいテーマから、プレゼンの構成、スライドの見出しをAIが提案
入力	スライドタイトルと見出し or 要約したい本文	プレゼンテーション全体のテーマ
出力	スライドと本文	プレゼンの構成 （各スライドタイトルと見出し） 簡単な本文
出力形式	パワーポイント／PDF	パワーポイント／PDF／Google Slides
料金	月額課金 （ダウンロードするたびにクレジットを消費）	ダウンロードすると$2.5
言語	日本語可	英語推奨（日本語も可能）

出所）野村総合研究所

低下の恐れを挙げることができます。このスライドで何を伝えたいのか、誰を説得したいのか、考慮すべき企業文化など重要な背景はあるか、こういったことを生成ＡＩは考慮してくれません。自分の「目的」を見失わないようにする必要があります。このようなＡＩと人間の役割分担については後の項で深掘りします。

2 ロゴ生成

生成ＡＩの可能性はテキスト生成だけでなく、画像生成にも広がっています。その一例としてサービスやアプリケーションの顔ともいえる「ロゴ」の生成が挙げられます。これまでのロゴ作成は、専門のデザイナーやマーケティングチームが必須でした。しかしデザイナーにコンセプトを伝えるのはユーザーにとっても大変な作業です。逆にデザイナーもたくさんのデザインアイデアを提案したり、何度も修正するのは負荷が掛かります。

ＡＩの進化によりそのプロセスは大きく変わる可能性があります。生成ＡＩを利用することで、ユーザーが指定したパラメータ（ニーズ）に基づいて一瞬で多数のロゴデザインを生成することが可能です。これにより個人のニーズに合わせたデザインの提案が手軽になります。

ステーブルディフュージョンはテキストから画像を生成するアプリケーションです。自分の作りたいイメージを単語の組み合わせでＡＩに伝えます。例として、製造現場で稼働している機器の状態を管理するアプリケーションを開発しているとします。そのアイコンのイメージとして「歯車」「青い色調」などが浮かんだとします。これをステーブルディフュージョンに渡せば、ロゴのアイデアを一瞬で大量に生成することができます。

その中から好みに合うものを選び、デザインの素案として使うことができます。

ただし現状、ＡＩによるロゴ生成は問題を１００％解決しているとはいえません。自社のブランドコンセプトと一致しているか、目的にかなっているかといったユーザーの細かな要望や微妙なニュアンスを理解するには、人間のデザイナーとステーブルディフュージョンでは比べるべくもありません。最終的なデザイン決定には人間の視点が必要です。

ステーブルディフュージョンの扱い自体にもいくつか課題があり、望むイメージを描かせるには、かなりコツが必要です。プロンプトエンジニアリングとも呼ばれますが、ＡＩに行わせたい指示を出すのにはさまざまな工夫が必要です。

3　プログラムコード生成

ＩＴ分野における特に革新的なサービスは、ＡＩによるプログラムコード生成です。ギットハブからリリースされているギットハブコパイロット（GitHub Copilot）がその１つです。驚くべきはその使い勝手の良さで、コメントや関数名にやりたいことを書けば、ＡＩがその指示に基づいたコードを自動で提案してくれます。簡単なコードであれば、ＡＩが提案したコードを受け入れる、または別の提案を求めることを繰り返すだけでプログラムが完成します。これにより初心者からベテランのエンジニアまで、実装の効率を大幅に引き上げることが可能です。

ポイントは自身でコードを書いていく人こそが、付加価値の高い工程に集中できることです。

実装者は実装しようとしている問題を小さく切り分けることに集中すべきです。ＡＩは切り取られた小さな問題を解くコードを生み出します。実装に掛かる時間だけでなく、品質をも向上させることができます。逆にプログラムのことがまったくわからない人が使うツールではありません。まさしく「コパイロット」（副操縦士）の名の通りに使うことが基本です。

4 音声生成

多くの人が資料をファイルで送付されるより、声で説明を聞いたほうがわかりやすいという経験をしていると思います。音声を通じて人間が感じ、理解し、そして学ぶといった情報伝達は文字よりも多くなります。

音声生成ＡＩは、人間の声を模倣し、テキストを自然な音声に変換する技術です。人間の声の抑揚、時には感情を理解し、これを反映した音声を生成することが可能です。機械音声といえばカタコトで違和感のある発音を想起されると思いますが、この技術の進歩は驚くほど速く、いまやＡＩが人間と同等レベルで音声を生成することすら可能です。

テキスト読み上げはクラウド各社に備わっています。たとえばＡＷＳではアマゾンポリー（Amazon Polly）を利用することで、とても自然な音声読み上げを実現してくれます。少し単価は上がりますが「ニューラル音声」を使うことではるかに自然で人間に似たテキスト読み上げが可能です。

音声読み上げは、たとえばプレゼンテーションのリハーサルをするのに役立ちます。プレゼンの原稿を音声生成ＡＩに読み上げさせることで、自分の話し方やトーンを確認することができます。またプレゼンテーションが時間に収まるかどうかを機械的に確認することにも使えます。プレゼンテーションで読み上げる原稿自体や、自分の作ったパワーポイントを（タイトル、見出し、本文をテキストにして）ＣｈａｔＧＰＴに渡すことで、自動で作らせた上で読み上げさせることすら可能です。

音声系ＡＩでは逆に音声を文字に書き下すことも得意としています。これはメモを取ったり、議事録を起こしたり、動画コンテンツを要約して必要な情報を検索可能にしたりするのに使うことができます。

生成AIサービスの体系

生成ＡＩの根幹をなすモデルのことは基盤モデル（ＧＰＴ－４やステーブルディフュージョンなど）と呼ばれています。これを特定の利用法に仕立てたもの（パワーポイント生成、ロゴ生成など）を生成ＡＩアプリケーションと呼ぶことにします。

基盤モデルは大規模な深層学習モデルのことで、1つのモデルを広範な目的に使用することができます。基盤モデルが利用可能な形で公開されると、誰でもこれを利用したアプリケーションを作成し、それを前述のプレゼン資料やコード生成のようにコンテンツを生むことに使用することができます。基盤モデルを調整するだけならともかく、ゼロから構築したり全体を再学習するというのは、現在のところ一般的な企業には不可能なため、非常に寡占的な市場になっています。

現在、有名な基盤モデルには以下のようなものがあります。

- テキスト：GPT－4（オープンAI）、ブルーム（ハギングフェイス）、LaMDA（グーグル）など
- プログラムコード：GPT－4（オープンAI）、タブナイン（タブナイン）など
- 画像：ステーブルディフュージョン（スタビリティAI）、DALL－E2（オープンAI）など
- スピーチ：ウィスパー（オープンAI）など
- 動画：X－CLIP（マイクロソフト）など
- 3Dモデル：ドリームフュージョン（グーグル）など

基盤モデルの上に構築される生成ＡＩのアプリケーションとしては、現状、以下のような2種類があります。

①基盤モデルをそのまま利用するもの（ＡＩに指示が出しやすいようＵＩを付与する）

②データを追加して求める用途に調整したもの（たとえばレポートを読み込ませて社内独自のナレッジにも回答できるようにするなど）

この2つはどちらも一般的な企業に十分可能な範囲です。初歩的なレベルの利用であれば①の使い方ですませることもできますが、明らかに公開情報から回答できないタスク（たとえば顧客に適した自社の保険プランを提案する、など）を考えると、②の使い方が必要になります。あと1－2年でＡＩの使い方自体はある程度一般化され、②の使い方をどうシステムとして実現するかが焦点になっていくでしょう。

カテゴリ	ツール名	概要
	Stable Diffusion	入力されたテキストから写真やリアルな画像を作成。 欠落や劣化した部分を埋めるために 使用することもできる。
	DALL-E	シンプルなテキストから画像やアートを作成でき、 キャプションを使って 画像にリアルな編集を加えることも可能。
画像	Craiyon	テキストに応答して9つのAI生成画像を 一括して生成。 その画質は他のツールに比べて低いとの評判。
	Midjourney	コマンドやウェブアプリを通じてジェネレーターを 操作することでリアルな画像を生成することが可能。 出力が写真ではなく絵画に似ているとの評判。
	Adobe Firefly	高度な画像編集・加工が、 簡単な自然文（口語）の入力で実行できる。
	Amazon Polly	AWS上の音声読み上げサービス。 追加費用で高品質な ニューラル（機械学習）音声が選べる。
	MusicLM	シンプルなテキストで楽器やメロディなどの条件を 指定することで、2バージョンの音楽を生成。
音声・音楽	Amper	あらかじめ録音されたサンプルから音楽を生成。 音楽と映像のマッチングに使用することができ、 音楽の長さやクライマックスなどを指定できる。
	Dadabots	多様なジャンルの人工的な音楽と、 バンドを模倣した生の音楽を、常時ライブで作成。
	Harmonai	オープンソースのオーディオ合成・ 操作ツールの開発を目指す。 6つの音楽生成モデルを公開中。
動画	Make-A-Video	静止画や数行のテキストから、 ユニークな動画を生成できる。
	Gen-2	音声合成の技術と組み合わせて、 音声付きの動画を生成できる。

出所）野村総合研究所

図4-2　生成AIのアプリケーション

カテゴリ	ツール名	概要
文書・対話	ChatGPT	リアルな対話を行うように訓練された機械学習搭載のチャットボット。プログラムコードのデバッグも可能。直近の情報や事実の正確さに難あり。
	Bard	ChatGPTと競合する会話型AIツール。ユーザーが情報を検索し、取得する方法を改善できることを目的とする。
	AI-Writer	既存コンテンツの言い換えと修正、独自の記事原稿の作成、引用リストの提供、SEO競合のまとめ、SEO最適化コンテンツの作成などを支援。
	ChatSonic	詩人や会計士など、16種類のペルソナからチャット相手を選ぶことができ、音声で対話・応答が可能。
プログラムコード	CodeWP	WordPress専用のAIコードジェネレーター。JavaScript、PHPなどの環境で動作。
	GitHub Copilot	プログラムコードのコメント内の自然言語（話し言葉）からプログラムコードを生成できる。
	Codex	プログラムコード行を生成・操作できる大規模な言語モデルであり、十数種類のプログラミング言語で動作させることが可能。
	Tabnine	プログラマーの次のコード行を予測・生成するコーディングアシスタント。プログラマーのスタイルとプログラミングパターンに基づいて提案。
プレゼンテーション資料	Elucile	表現したい内容を指定するだけで、レイアウトを提案して、スライドの発行をしてくれる。
	SlidesGPT	全体のテーマを指定するだけで、構成・本文・画像を含めたスライドを全自動で発行してくれる。

2　ビジネスでどのように使えるのか

生成AIの現在の浸透状況

これまでいかに生成ＡＩがビジネスパーソンの効率性を変革し得るか、具体的なサービスをもとに見てきました。こういった便利なＡＩはどの程度社会に浸透しているのでしょうか。実際のところ、現在の浸透状況は限定的といわざるを得ません。まだ一部のイノベーターが実業務への取り込みを試みているという段階でしょう。

この節では、ビジネスパーソン個々の仕事の流れを見たとき、どのような使い方をされているかを説明していきます。これは今後ＡＩの性能が向上したり、ＡＩがアクセス可能なリソースを拡張することで広がっていきます。

一般的なプロジェクト進行とＡＩ利用可能領域を整理したものが図4－3です。

現状把握、そして目的設定といった、解くべき課題そのものを規定するような上流のタスクに生成ＡＩは使われていません。「何のためにＡＩを使うのか？」といった部分は人間で用意する必要があります。

考え抜くための壁打ち相手や、アイデア出しのブレインストーミングをＣｈａｔＧＰＴに手伝わせることは可能です。もしこういった上流のタスクを１人で考えないといけないシーンがあれば、対話型ＡＩはベストパートナーになるはずです。

論点整理をＡＩは得意としています。たとえばＣｈａｔＧＰＴに「飲料の新製品開発において検討すべき論点を挙げてください。」と一言指示を出せば、一般的なフレームワークを答えてくれます。人間の思いつきで考えていると視点の不足などが起こりがちですが、たくさんの文書から学習している大規模ＡＩモデルの特性が補ってくれることになります。

課題に対し、これを解くアイデアを出す仮説構築フェーズでのＡＩ利用は、現在のところ限定的です。大規模ＡＩをそのまま利用しても、一般的なフレームワークに相当する回答（換言すると、ありきたりで意外性のない内容）を答えがちです。ビジネスパーソンが直面する課題を解く鍵は、組織特有の事情、現状、リソースを考慮することです。生成ＡＩに大量にアイデアを出させて人間のアイデアになかった有益なも

Issue 論点整理	Solution 仮説構築	Operation 仮説検証
○ 現状でも可能 ヌケモレがないよう検討ポイントを構造化するのはAIは得意。	△ 微妙 個別の事情を考慮した上で新しい示唆を生むような、面白い仮説は苦手。	× 不可能 論理的に正しくない内容を含んでいる可能性があるため、裏付けは人間が行う。
○ 使ったほうが良い 初期案を出す、ブレストの壁打ちにするなどで有効に活用すべき。	○ AIのアクセス可能域を広げる 過去の報告資料などAIのアクセスするデータを増やすことで、より正確な状況をAIが把握できるかがポイント。	× 使わない方が良い 出典がウェブブログであったりするため、信頼性には欠けてしまう。

出所）野村総合研究所

図4-3
一般的なプロジェクト進行とAI利用可能領域

	現状把握	Goal 目的設定
現状	× 不可能 組織にどんなニーズがあるのか？をAIが解くことはできない。	△ 微妙 概ね背景として書いた内容を要約するだけで、的を射た回答にはならない。
将来	× 困難 企業内すべての情報をデータとしてAIに与えることはできない。	△ 使わない方が良い 何をAIにデータで渡せば目的が達成されるかは人間が考えるべき。自社特有の事情等を加味しない等、大規模学習モデルの特性もある。

のをピックアップするといった工夫が必要です。報告書などを読み込ませて「組織特有の事情」を生成ＡＩに把握させるといったアプローチも可能です。

プロジェクトの結論を出すための仮説検証フェーズでＡＩを直接使うのは、しばらくは難しいと思われます。生成ＡＩは突き詰めていくと「それらしい文章」を紡いでいるだけなので、その論理やデータが正しいとは限りません。また人間はロジックやデータ以外にも、ソース（発言者、出典など）にも重きを置きますが、生成ＡＩの学習データはインターネット上の文章の割合も多く、エビデンスとして使うのは困難です。

ＢｉｎｇＡＩは検索をかけ、出典を表記することでこの課題に挑戦していますが、それが個人のブログの記事であったりもするため、根本的な解決には至っていません。事実あるいは論理的に正しいことが重要な部分は、人間が行うのが無難です。

一方でＡＩのアクセス可能領域を、企業内の報告書といった社内の知的資産に横断的に拡張し、その内容にもとづいて質問に答えさせる、といった使い方も可能です。

今後の発展においては、そういったＡＩのアクセス可能性を広げることで、個社事情をくみ取った有益な回答を引き出すことが優先課題になると思われます。このように人間とＡＩでタスクを分担した共同作業がすでに始まりつつあります。

実務での使われ方

現在の生成ＡＩの利用状況を把握するために、野村総合研究所では、日本人の一般就労者を対象に「ＡＩの導入に関するアンケート調査」を行いました。自身の仕事における業務の中で、具体的に、「生成ＡＩ」を用いたツール・アプリケーションを使っているかをたずねた結果を整理したものが図４－４です。

実際に業務で利用している割合が３・０％、トライアル中が６・７％となっています。

業務で使用している割合を業種別でみると、製造業、金融・保険、その他サービス業などで高くなっています。製造業では、開発などの業務おいて、ドキュメント作成やプログラムコード作成などで導入が始まっていることが考えられます。金融・保険などのサービス業では、カスタマーサービスの合理化のための利用や、営業支援などで活用している例が多く見られます。

現在利用中だけではなく、トライアル中まで広げると、合計で９・７％の割合で生

図4-4 「生成AI」の業務への導入

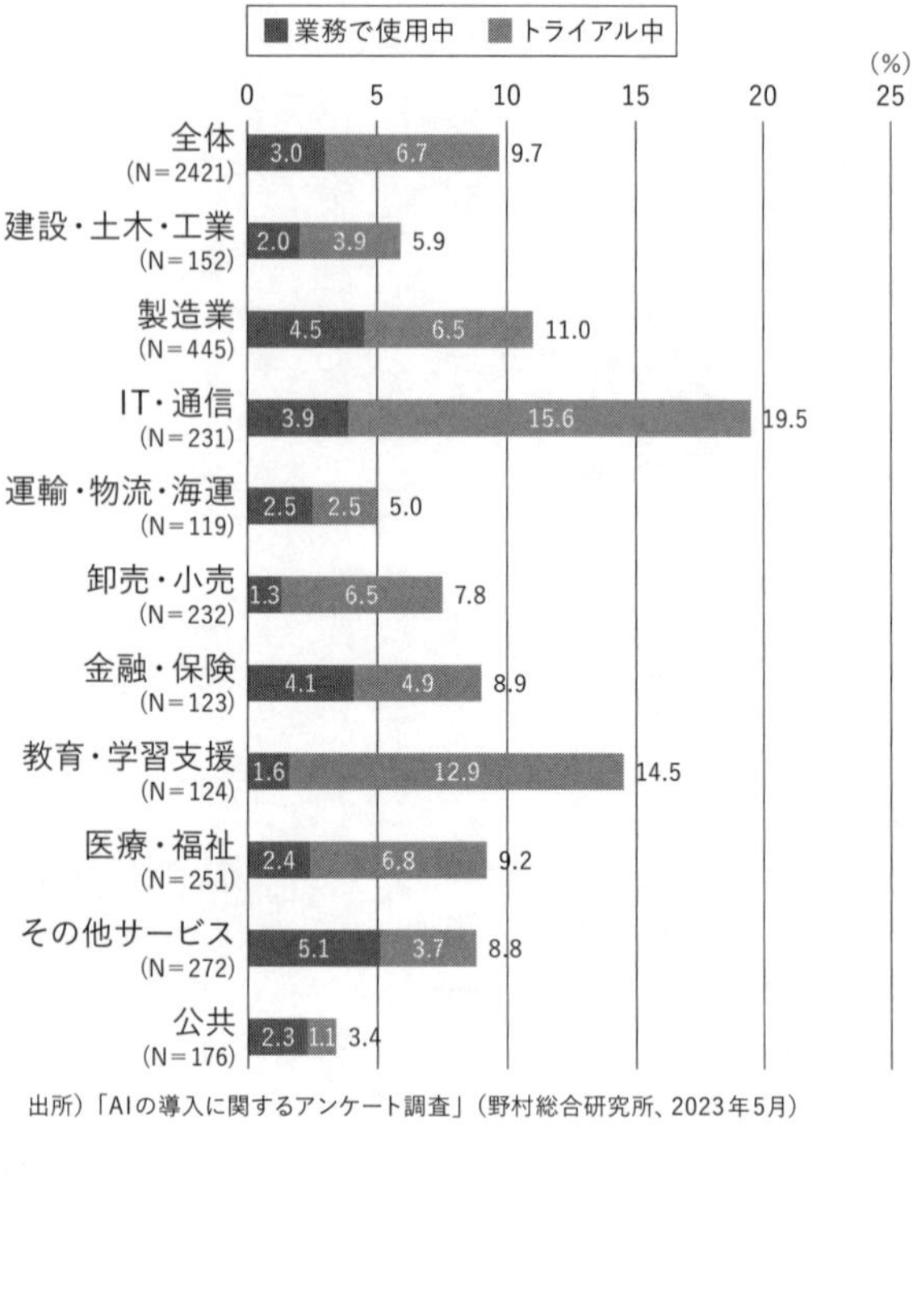

出所)「AIの導入に関するアンケート調査」(野村総合研究所、2023年5月)

成AIの試験的な導入が想定されます。業種別では、IT・通信、教育・学習支援などの業種で高くなっており、これらの業種では、現在は導入されていなくても、今後、急速に生成AIが導入されていくと考えられます。

また、具体的に生成AIを利用している業務内容を整理したものが図4−5です。「挨拶文などの原稿作成」「記事やシナリオ作成」「ドキュメントの要約」「メールの問い合わせ対応」などにおける利用が多くなっています。

ChatGPTなどにおけるテキスト（文章）ベースにおけるコンテンツの生成を活用していると考えられます。創造性のある出力結果を使うというよりは、ドキュメントの初稿といった簡単な出力結果を業務に活用しているのが現状のようです。テキスト以外では「挿絵やイラストの作成」が15・1％、「動画の作成」が9・6％となっており、少ないながらもテキスト以外のコンテンツ生成に活用している事例も見られます。

ゴールドマン・サックスのエコノミストによれば、将来の使われ方という視点では、生成AIの影響する業務量は、業界によって大きく異なるとされています。影響が特に大きいのはホワイトカラーであり、事務関連、ついで法律関連業界と推測され

図4-5 「生成AI」利用の業務内容

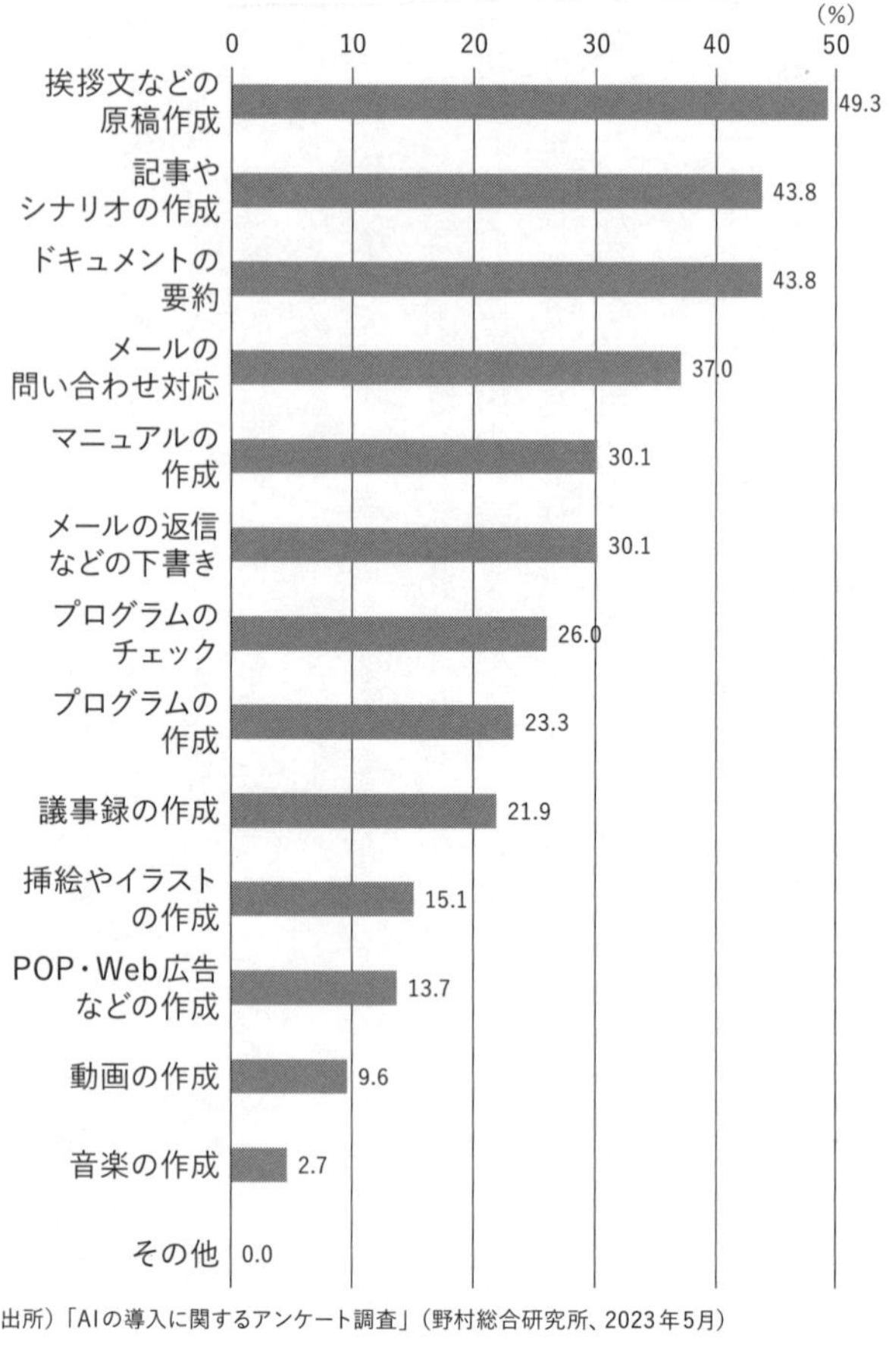

出所）「AIの導入に関するアンケート調査」（野村総合研究所、2023年5月）

図4-6　AI自動化にさらされる雇用の割合

（2023年4月 アメリカ）

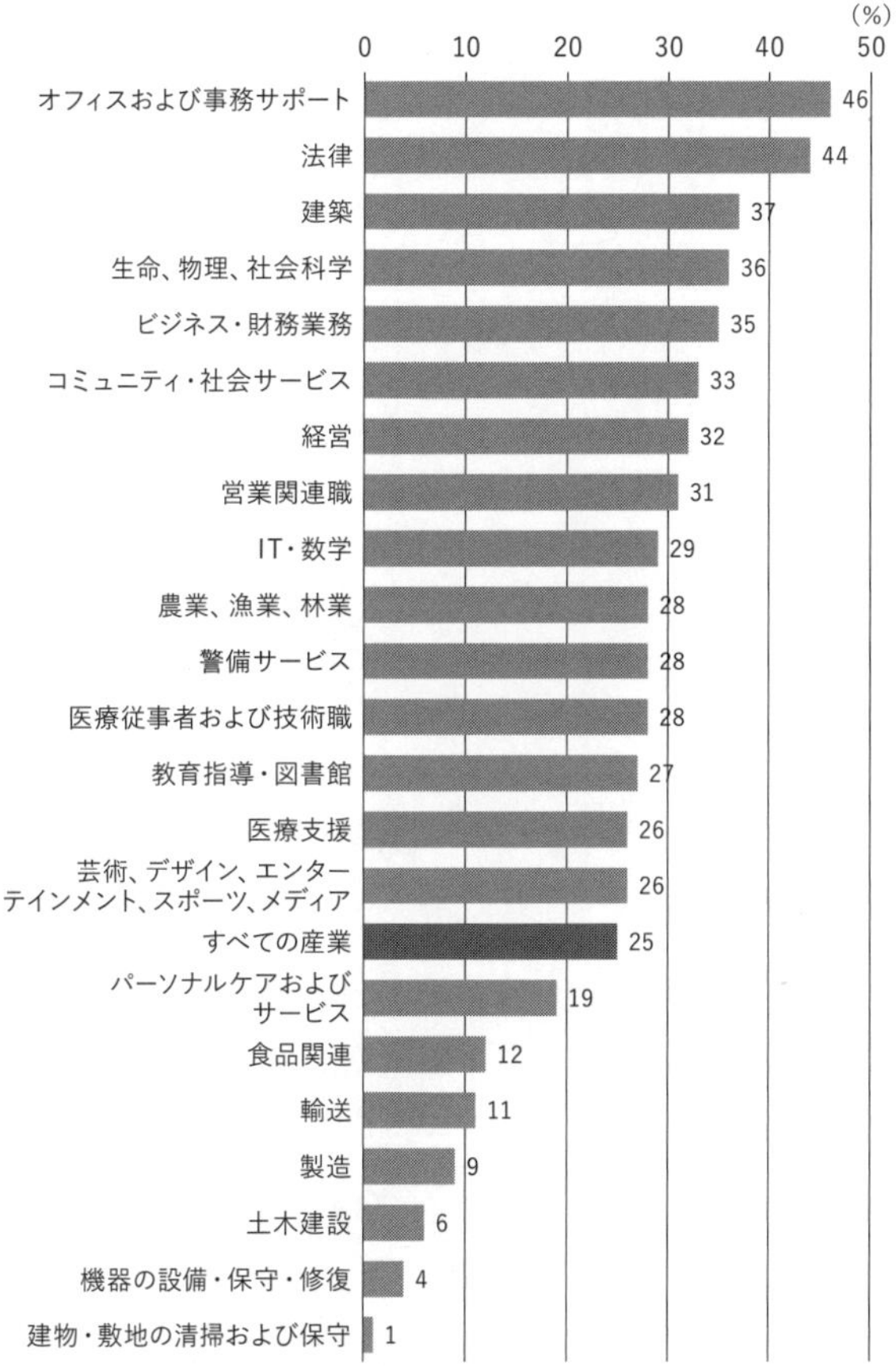

出所）ゴールドマン・サックスのエコノミストによるレポート（2023年3月）
The Potentially Large Effects of Artificial Intelligence on Economic Growth (Briggs/Kodnani)

ています。これは上記で見た通り、生成ＡＩで分担できるタスクにどんなものがあるか考えれば想像がつくかと思います。

実際、執筆時ですでに、ビジネスパーソンに必須のツールであるエクセル、ワード、パワーポイント、Teams、アウトルックなどにＧＰＴ－４を統合したマイクロソフト３６５コパイロットを開始するアナウンスがマイクロソフトから出ています。コンテンツの内容は個社で多様ですが、報告書はパワーポイントやワードといった形式を取ることが多いですから、横断的にパワーポイントファイル群から知識を収集できるマイクロソフト３６５コパイロットにはＣｈａｔＧＰＴ単独で使う以上の価値が期待できます。

生成ＡＩの能力と限界

ＣｈａｔＧＰＴなどのテキストを扱う大規模学習モデルをもとに、生成ＡＩの能力と限界について整理してみましょう。ここまでの内容から、大規模学習モデルは以下のような能力を持っているといえます。

- 高度な自然言語理解と生成能力：生成ＡＩがこれまでのプログラムと異なるのは、「ＥＣサイトの購入率を向上させるための論点を教えて」といった、人間が使う言葉での指示や要求を理解した上で、適切な反応を生成することができる、という点です。
- 大量の情報へのアクセス：論文や報告書などの「非構造化データ」を訓練データベースとしてＡＩに与えることで、提供可能な情報を拡大することができます。たとえば絶対にインターネット上には存在しない社内情報などを取り込むこともできます。これにより論文や社内の報告書をもとにユーザーの質問に回答するといった使い方が可能になります。
- 多様なライティングのスタイル：ビジネスレポートならフォーマルな文体を、ブログ記事ならカジュアルな書き味をといったように、さまざまなスタイルをＡＩは真似することができます。これにより生成ＡＩはプライベートからビジネスまで場所を問わず応用を考えることができます。

一方で前の節で見たように、ＡＩが適用できない業務というのも確かに存在しています。ではＡＩの限界はどのような形で現れるのでしょうか。ここでは特に創造性、つまり新しいコンテンツを生み出す能力に注目して整理します。（ＡＩ利用自体に伴うリスクは後の章で扱います）

- 新しい情報を参照できない：たとえばＣｈａｔＧＰＴは２０２１年9月までのデータで学習が止まっています。今後更新されていくはずですが、基本的には最新のニュースには対応できないと考えておくべきです。さらに厳密にいうと、ＡＩ自体には新しい知識を得て更新するという能力はなく、新しい発見や現在起こっているできごとについて議論することはできません。
- 説明性がなく信頼性にも欠ける：生成ＡＩに主導権を渡してしまうと説明責任や透明性が欠落してしまいます。極端にいうと、回答にはランダム性があるので、別の日に試すとまったく違う議論を展開する可能性もあります。このとき重視されるのは「文章のもっともらしさ」であり、内容が正しいか間違っているかは関係ありません。したがって結論を出すのに必要なエビデンスとして生成ＡＩを使用することはできません。そこにあるべきロジックは人間が考える必要があります。またＡＩの出力を評価するユーザーが必要になります。

- 文脈の深い理解の欠如：ＣｈａｔＧＰＴに代表される統合系ＡＩは会話が可能ではあるのですが、アルゴリズムの特徴として実は長い対話がそれほど得意ではありません。人間であればこれまでの文脈を踏まえて回答するところでも、ＡＩは前の発言を忘れて回答するケースがよくあります。「表面的に」質問に答えてしまうというのも問題です。
- 個別の人格としての経験を持てない：ビジネスの現場では、以前の自分の成功・失敗経験を踏まえて指示を出すケースが多くあると思います。しかし、大量の文章から学習する大規模モデルでは、個々の人間のような視点を模倣することは不可能です。そういった個人的な過去の体験や感情の理解を必要とするタスクには向いていません。

ＡＩと人間の役割分担

「人間とＡＩの新しいパートナーシップ」を結ぶことで、ビジネスに活かす道が開けます。まるで映画ターミネーターのような不思議な響きですが、前節で見たように

ＡＩの能力には明確に得意・不得意があり、主導するのは人間である以上、ＡＩとの付き合い方を考える必要があります。

人間とＡＩのパートナーシップのあり方について整理したものが図４－７です。下のレベルにいくほど深いパートナーシップです。

1 繰り返し作業の自動化

一番無難なＡＩとの付き合い方は、効率化に活用することです。特に繰り返し行われる業務を自動化することを得意としているため、メールの返信を自動的に書かせることは容易に可能です。

たとえばグーグル・クロームのアドイン「ＣｈａｔＧＰＴライター（ＣｈａｔＧＰＴ Writer）」を使えば、Ｇメールの受信トレイから直接返事をＡＩで生成することができます。

ミーティングの日程調整をする場合に、ＣｈａｔＧＰＴを使って自動で行わせることもできます。ミーティングが多数重なり、ちょっとした打ち合わせをメンバー間で調整するだけでも一苦労、という経験があるのではないでしょうか。ＣｈａｔＧＰＴ

図4-7　AIのパートナーシップの深さとタスク

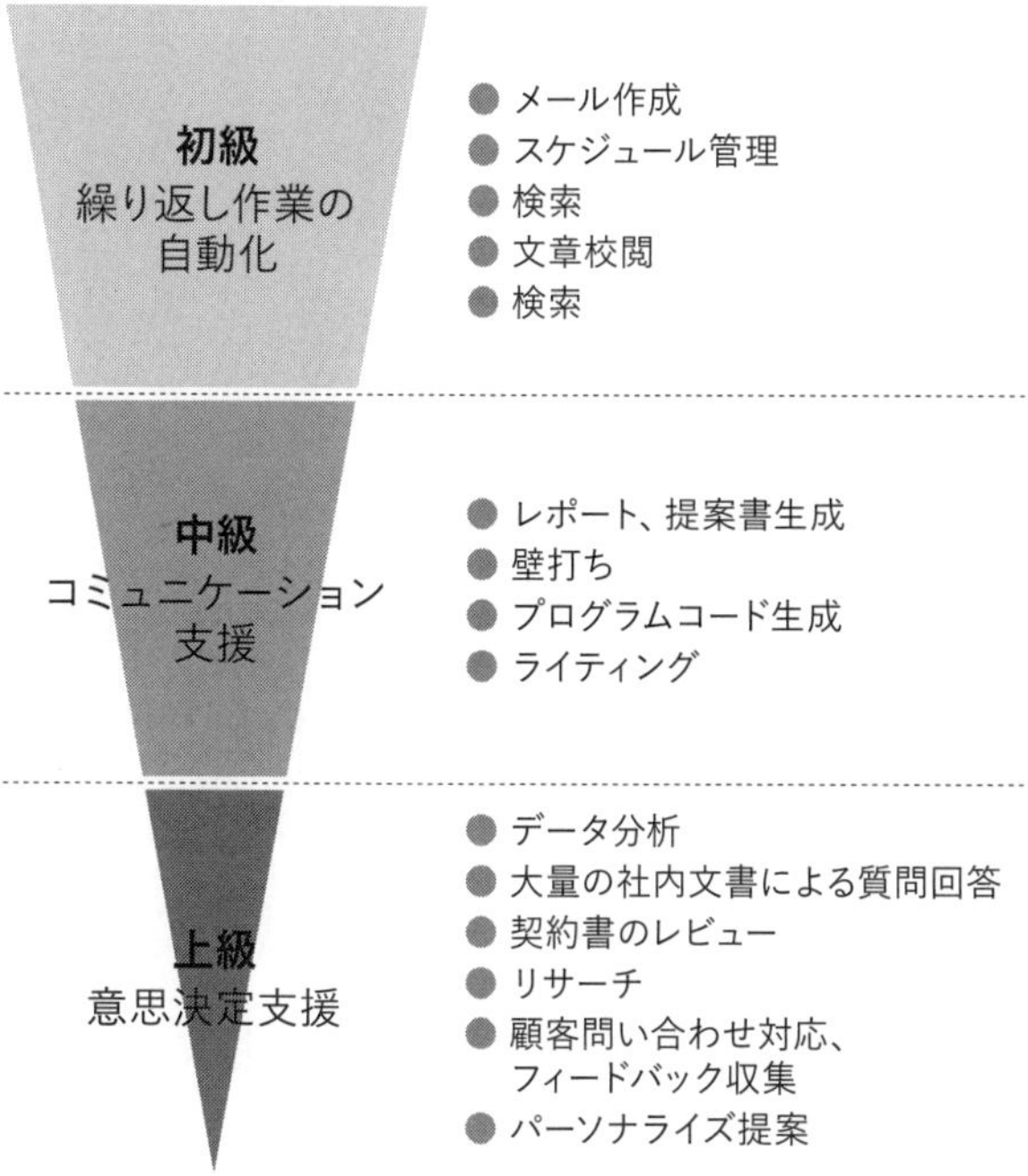

出所）野村総合研究所

がチームメンバーのカレンダー情報にアクセス可能になれば、自動で日程調整しメールを飛ばすことも可能です。ただしＣｈａｔＧＰＴにカレンダー情報を閲覧させるためにはひと工夫必要となります。

これらの繰り返し作業に取られる時間をなくし、より価値ある業務に注力するというのがＡＩ活用の最も基本的な方向性になるでしょう。繰り返し業務はＣｈａｔＧＰＴへの指示も簡単なものになるので、社員に指示コマンド（プロンプト）のひな形を提案するシステムを導入する企業も出てきています。

2　コミュニケーション支援

もう1歩踏み込んだＡＩとの関わり方として、コミュニケーションにＡＩを使うことができます。「伝えたい考えが自分の中にあるとき、これを表現する形をＡＩに考えさせる」という付き合い方です。

たとえば提案書の初稿を作成してくれるサービスはすでに「イルシル」「SlidesGPT」といった形で存在しています。ユーザーが目的と要点などをＡＩに指定すれば、これをもとにしたパワーポイントの初稿を入手することができます。また

ChatGPT自体に会話する機能があるので表現、文体、文章構成の改善を指示することもできます。

アイデアの〝壁打ち〟に使うのも有用なAIの活用法です。1人で自問自答を繰り返し、アイデアを練り上げるのはつらいものです。同じことを考え続けるのは苦痛ですし、人に話を聞いてもらいたくなりますが、そう都合よく議論できるパートナーがいるとは限りません。AIを使えばいつでも気軽にディスカッションパートナーを用意することができます。

営業提案の仮説構築や、思考を広げるための手助けとしてのChatGPTの使用は実務でも取り入れやすいはずです。ただし単純な作業を超えて使う段階では、アイデンティティを意識する必要があります。AIが自社のナレッジや、議論したい問題に合わせたデータへアクセス可能にし、回答を調整したものを検討したほうが、独自性は失われにくくなります。

3 意思決定支援

AIの最も高度な活用法は、単純なタスクの自動化から離れ、ビジネスの意思決定までを行うことです。１つは顧客の問い合わせ対応に使う方法です。軽微な質問ならその場で回答し、複雑な質問なら担当者へとエスカレーションさせるように初動対応をＡＩに自動で判断させることも可能です。問い合わせ対応の自動化はコストメリットが大きい領域です。さらに過去の応答記録などをデータとして利用すれば、品質をそれに近づけていくことも可能です。

このレベルでの応用を行うにはウェブブラウザからの入力では不可能です。適切な形に入力データを加工した上で、ＡＰＩを利用しつつＡＩに指示を出す必要があります。特に自社の商品について基盤モデルは何も知らないため、自社独自の文脈をどうＡＩに伝えるかがポイントになります。現実的な方法としては「商品に関する文章を利用して調整したＡＩを独自に用意する」あるいは「問い合わせがある度に関連商品の情報を参考情報として渡す」のいずれかになります。

ＡＩを信用し、人間の監督下から外してしまうというのは、現状の企業文化からすると受け入れ難い部分があります。実際、上記のように基盤モデルに独自の学習を追加すると、非常に攻撃的な文章を生成してしまう場合があることが知られています。その文章をクライアントに見せてしまったとしたら、その責任はＡＩを利用した人間に跳ね返ってきます。

このように生成型ＡＩをレベルで分けて考えれば、組織へ導入すること自体は難しくありません。ＡＩによる競争力獲得のためには、まず、組織の目標に貢献するようなＡＩのユースケースを作っていくことが大切です。同時に、ＡＩによる組織内データへのアクセスを可能にしたり、他の生成ＡＩアプリと連携させることで、ＡＩにできる作業を増やすことが良いでしょう。ＰｏＣの段階で、自社の独自コンテンツも使って、ＡＩを活用できるようになれば、社内でのＡＩ導入に勢いを与えることができます。生成ＡＩはさまざまな目的に活用できることが特徴であり、ＡＩ活用の成功事例ができれば、他のタスクへ拡張可能です。

ビジネスパーソンに求められるスキルと専門性

ＡＩと良いパートナーシップを築く上で必要な素質は何でしょうか。ビジネスパーソンに求められるスキルと専門性を整理してみます。

AIに対する理解と適用能力

まず、基本的なAIの原理や利用方法を理解し、ビジネスのさまざまな局面に適用する能力が求められます。AI技術やプログラミングを専門に学ぶ必要はありません。ビジネス上の問題解決や意思決定にAIをどう役立てられるかを理解していることが重要です。

基本的な知識として、AIの主要な分野（機械学習、自然言語処理、画像認識など）を理解し、AIが解決できる問題やソリューションの種類について認識しておくことが重要です。業務上の課題に対してどのように適用するのかなどを考えるスキルが求められます。

AIソリューションは1つではないので、それらを評価、選択する方法を知っている必要があります。また、組織の中に自主的に生成AIの研究や実験を行う文化・風土があると、バリューチェーンに生成AIを組み込むことがスムーズに進みます。

データリテラシー

データリテラシーは、データを理解、解釈し、それを意思決定に利用する能力のことを指します。ＡＩを使えば大量のデータから結果を出力することができます。しかしこの出力を効果的に活用するには、「使用されるデータ」と、それがどのようにビジネスの問題解決に寄与するかを理解する能力が不可欠です。

たとえば、コールセンターのチャット対応履歴を入力データとしＡＩによる顧客対応改善を行うとき「チャット対応履歴で質問項目に偏りはないか？」「顧客満足度の高い応答はどのような特徴を持つか？」などを考える必要があります。データを鵜呑みにするのではなく、活用する前に、しっかりと判断できる能力が求められます。

リスクの把握と周知

生成ＡＩの利用にはリスクが伴います。生成ＡＩツールの使用に関するガイドラインを作成した上で、メンバーに持続可能な形で教育を施していく必要があります。たとえば「アイデアの壁打ち」「コードのデバッグ」などのために無料のＣｈａｔＧＰＴをウェブブラウザから使用してしまうと、ＣｈａｔＧＰＴ内部の大規模言語モデルが学習データとして入力データを利用してしまい、情報漏洩が発生します。

エンジニアリング能力

既存の生成ＡＩサービスを利用してＡＩアプリケーションを作るレベルまでであれば、博士レベルの機械学習の専門スキルは必要にはなりません。データサイエンスを主導できる人材、ソフトウェア開発を主導できる人材がチームにいれば十分でしょう。こういったチームの組成は、既存のデータ分析ソリューションとそれほど変わりません。

継続的なキャッチアップ

いうまでもなくＡＩテクノロジーの世界は急速な進化を遂げています。新しい技術のトレンドと、最新のＡＩアプリケーションを理解し適用するために、継続的な学習が必要になります。

プロンプトエンジニアリング

ＣｈａｔＧＰＴを利用している人ならわかると思いますが、生成ＡＩに対する指示の出し方によって、回答の質が大きく変わります。各々の生成ＡＩの特徴やクセなどを理解しながら、適切な指示・命令をすることが重要です。この「指示出し」のスキルがプロンプトエンジニアリング（Prompt Engineering）と呼ばれています。自然言語を取り扱う言語モデルを効率的に使用するために、言語モデルへの指示や命令を最適化できる能力です。主に、ＣｈａｔＧＰＴなどの大規模言語モデルを使いこなすために必須のスキルとなっています。

効果的なプロンプトを設計することで、精度の高い回答を得ることができます。言い換えると、プロンプトを使いこなせないと、意図した通りの回答を得ることができません。

たとえば、効果的な営業スクリプトを作成しようと思った場合に、生成ＡＩに対して、何の事前情報も与えずに命令をしても良い結果は得られません。たとえば、過去の営業スクリプトの良い事例、悪い事例を与えることで、今回のケースに応じたスクリプトの精度を高めることができます。精度が高くなるように、情報、背景、データなどをプロンプトに含めるように調整することが重要です。背景情報を上手に選択して、生成ＡＩ側に伝えることが求められます。

効果的なプロンプトとしては、指示の内容を「具体的」にすることや、複雑でわかりにくい命令ではなく「明確にする」ことなどが言われています。また、出力してほしい項目、形式、個数など、範囲を特定することも効果的です。五月雨的なアウトプットではなく、項目に沿っていることで、利用者の判断もしやすくなります。また、最初からすべての回答を得るようなプロンプトを実行するのではなく、生成AIと対話しながら命令・指示を絞り込むことで、回答の精度を徐々に高めていくこともできます。生成AIにプロンプトを1つずつ処理させることも重要です。

近年では、効果的なプロンプトを設計できる技術者が「プロンプトエンジニア」と呼ばれ、AIに関する新しい職種として注目されています。生成AIからのアウトプットを人間の意図にあった形で高めていく役割を担っています。人間とAIの新しいパートナーシップを構築するためにも重要な職種です。

3 生成AIで変わるビジネス

企業への生成AI導入例

パナソニックの法人向けソリューション子会社のパナソニックコネクト社は、「コネクトGPT」と名付けられたGPTベースのAIアプリケーションを国内1万2500人の全従業員に提供しています。ユーザー向けの画面はプロンプト（GPTへの指示）、パラメータ、出力（GPTからの戻り値）で構成されています。

現在の主な機能としては以下の項目があります。

①プリセットのプロンプトの用意
②英語への自動翻訳（AI回答精度向上のため）
③回答の5段階評価

2023年2月17日の国内社員への提供開始から、1日平均で2600件以上の質問がこのアプリケーション経由で行われ、用途としては主にアイデア創出、ドキュメントの初稿作成などに使用されているようです。

このアプリケーションの価値は以下のような形で整理できます。

- 文章を入力する画面をアプリに制限することで、セキュリティの担保をアプリが一手に担うことができる。
- GPT利用に伴う課金を一括で管理できる。
- ひな形を準備することで、工夫が必要なAIへの指示（プロンプト）を考える時間がさらに短縮できる。

導入1カ月で社員にアプリケーションが浸透している理由の1つは、法人でChatGPTを利用する際の面倒な部分を、ユーザーが意識せずアプリを使っていれば済ませられるようにしていることだと考えられます。「機密の入力は禁止」

「ＧＰＴ－３でなく基本はＧＰＴ－４を使用する」などガイドラインを作り周知していく時間をアプリケーションは短縮しています。もちろんこれでＣｈａｔＧＰＴ利用に伴うすべての問題を解決しているわけではありませんが、実証実験を行うには十分です。

このアプリケーションで注目したいのは現在の機能というよりも、生成ＡＩがバリューチェーン上のプロセスにどのような影響を与えるか、という大きな視点を大変速いペースで持てることです。

ＧＰＴは初期段階であるにもかかわらず多様な質問に答えられるため、想像もしていない使い方があるかもしれません。ただし最終的には、難度の高い専門タスク（たとえば製品仕様書の自動生成、仕様書の内容に関するＱ＆Ａ対応など）に挑戦することが必要です。「近場のもっと簡単なタスク」に移動を繰り返すよりも、１つの価値あるユースケースを作り、企業運営に生成ＡＩがインパクトを持ち得ることを社内に示すことが鍵になります。いつまでも終わらないといった実証実験への疲れを引き起こすことも考えられますが、生成ＡＩで競争力を獲得するためのプロセスです。

逆にＡＩの導入に失敗し、従業員がこれまで持っていた価値を棄損するケースもあります。日本公庫総研レポート『中小企業でも始まるＡＩの活用』によれば、「実際に小売業において発注作業をすべてＡＩに任せようとしたが、従業員が考えることをやめてしまい、かえって生産性は落ち、職場にイノベーションが起こらなくなってしまった」という意見もありました。

最新の生成ＡＩは既存のＡＩソリューションより自動化範囲が広がっているため、モチベーションの低下を引き起こすリスクは高まっています。たとえば、営業員の対応力に強みがある企業が、提案商品から発話内容までをＡＩで指示するようにするとしたら、より競争力が高まるかどうかは重要な課題です。

業界別・生成ＡＩのインパクトとビジネスケース

遠い将来ではなく、1年以内あるいは現在において生成ＡＩが各業界に生み出す具体的なビジネスケースを考察します。ＧＰＴベースのものもあれば、それ以外の基盤モデル、あるいはそれらの組み合わせが必要なものもあります。

〈マーケティング〉

- コピーライティング：タイトル、製品説明、ソーシャルメディアの投稿など、マーケティングに使用するコピーをＡＩに作成させることができます。ＡＩはカジュアルからビジネスまで幅広いトーンで作成することができます。またマーケティングに使用するメッセージは次々に新しい表現が必要になるため、消費者向けのメッセージはＡＩ生成物に一気に置き換わっていく可能性もあります。
- 広告クリエイティブ生成：デザイン案を大量にＡＩで生成したうえで、テストと最適化によって効果の大きいデザインを選ぶことが可能になります。従来、デザイン案1つ考えるにも、ユーザーの要望とデザイナーの作業の間で大変な手間が発生しますが、生成ＡＩなら別デザインや調整した別パターンを大量に発生させることができます。
- 顧客フィードバックの解析：製品に関するアンケートや感想など大量の消費者の生のフィードバックを、機能別に要約したり、ポジティブ・ネガティブに分類するなど、製品開発などに活かしやすい形に変換することができます。ＡＩなら人間が目視で行うよりもはるかに効率的に行うことができます。また分析目的に応

図4-8　業務内容・業界別の生成AIの活用可能性

マーケティング	● コピーライティング ● 広告クリエイティブ生成 ● 顧客フィードバックの解析
製造・物流	● ユーザーマニュアルの生成 ● 工場の生産計画 ● 製品デザインの自動化
IT・ソフトウェア	● プログラムコード生成 ● ドキュメント生成
金融	● 投資アドバイザー ● 市場の洞察
小売	● パーソナライズ提案 ● ウェブサイト設計
営業	● 商談サポート ● 提案資料の生成 ● 提案力強化
法務・人事	● 契約書ドラフト作成・レビュー ● 法務Q&Aのセルフサービス化 ● 採用・アサイン支援 ● キャリアパス提案

出所）野村総合研究所

じて何度でもやり直すことができます。

〈製造・物流〉

●ユーザーマニュアルの生成：消費者向けの製品マニュアルの作成を支援することができます。書くべき内容の目次や、実際の説明文を自動で生成することで、ゼロから書き起こす労力を省くことができます。

●工場の生産計画：各製造工程の時間、順番、必要数などをインプットとして、最適な計画を生成し生産性を向上させることができます。また過去のレポートから注意点などを生成し、品質向上に役立てることも可能です。

●製品デザインの自動化：性能や材料、製造方法を決めると、それに応じた製品デザイン案を自動的に生成することもできつつあります。

〈IT・ソフトウェア〉

●プログラムコード生成：コードでしたいことをAIにコメントで書くと、指示に基づいて生成AI（ギットハブコパイロットなど）が自動でコードを提案します。すでにプログラマーの間で利用は広がっており、開発スピードの向上に貢献しています。

- ドキュメント生成：開発者はコードがどんな処理をしているかコメントに記す必要があるのですが、ＡＩは実装内容を見て自動でコメントを書くことができます。プログラマーにありがちな走り書きではなく、読みやすい簡潔な文章を作ってくれるため、品質向上に役立ちます。

〈金融〉

- 投資アドバイザー：ポートフォリオ（自分が持っている株式や投信の構成のこと）の評価と改善提案といった個人向けの投資アドバイザー業務を、リアルタイムの金融情報から行うことが可能です。どんなリスクがありそうかといった点から、買い増すべき資産、減らしたほうが良い資産といった具体的な提案までされます。ただし、現状では、正確性という点で問題は残っています。
- 市場の洞察：マクロ経済指標やインデックスの動向や、その株価への影響シナリオを考察し、レポートを作成することが可能です。経済指標の動きをデータとして収集、考察するのは手間が掛かるため省力化に貢献します。

〈小売〉

- パーソナライズ提案：顧客の購買データから、パーソナライズされた製品提案を生成します。どうしてお勧めなのかといった部分まで作ることも可能です。
- ウェブサイト設計：製品コンセプトをＡＩに伝えると、製品紹介を行うブランドページの構成案だけでなく、コンテンツの中身まで用意できます。ブランドコンセプトやマーケティングテーマとの一貫性、オリジナリティ、デザインの好みなど人間が監修すべき点も多いですが、大量に生成・調整するといったＡＩならではのアプローチを取ることもできます。

〈営業〉

- 商談サポート：クライアントからの製品の質問に対し、回答を支援させることができます。あるいは製品仕様書など、質問の関連資料を探して提供します。
- 提案資料の生成：提案内容から、プレゼンテーション資料の初稿を生成できます。

●提案力強化：追加で提案可能な製品をピックアップし、提案するシナリオ（営業文句）の案を作ることが可能です。営業など、業務プロセスの中で売上・利益に直接かかわる業務は、既存業務の効率化だけではなく、伸ばす形でＡＩを利用できないか検討すべきです。

〈法務・人事〉

●契約書ドラフト作成・レビュー：契約条件や過去の法的文書をもとに初稿を生成することが可能です。逆に長大な契約書から契約条件など重要部分を抽出することも得意としています。

●法務Ｑ＆Ａのセルフサービス化：社内のマニュアルや対応履歴をもとに、クライアントとの契約や、規制に関する社内問い合わせを自動化することができます。

●採用・アサイン支援：面接時に募集要件と応募者の履歴書から、インタビューの質問スクリプトを作成するなど、面接官の負荷を低減させることができます。また社内の人材へ仕事を割り振る際に、これまでの業務を参考に適性のあるタスクを提案することで、ミスマッチを減らすことができます。

ただし過去に、ＡＩをリクルーティングに利用することで人材の多様性に問題が出るケースがあったこともよく知られているため、ＡＩ利用の副作用にも注意を払うべきです。

- キャリアパス提案：業務経歴や評価データなどの人事系の内部文書をもとに、社内の成功モデル紹介や彼らが身につけてきたスキルの学習を提案できます。

以上はすでにＡＩで実現している、あるいは実現されかけているビジネスケースです。ＧＰＴ－３からＧＰＴ－４へのアップグレードは、精度向上にとどまらず、こうしてＡＩの大幅な領域拡大をもたらしました。これを鑑みると、数年でまた大きく適用可能タスクが拡大すると見込まれます。自社のバリューチェーンに生成ＡＩを組み込むならどこか、自社の独自性を損なわずＡＩを活かすにはどんなアーキテクチャが良いかなどを検討することが重要になります。

また、社員のモチベーション低下やハルシネーションといったＡＩの危険性を回避するにはどう業務プロセスに組み込めばよいかなども考える必要があります。ＡＩの拡大・浸透を見込んだ上で検討に着手することが求められます。

第5章

AI技術の発展に伴う課題と対応

1 AI技術がもたらす課題とリスク

AI技術がもたらす課題とは

機械学習やディープラーニングといったAIやGPUなどの計算環境技術の進歩により、これまでは単なる情報処理システムの一部でしかなかった分析や、ゲームのような限られた場面での利用にとどまっていたAIが、私たちの生活や産業のあらゆる場面で活躍しています。特に、現代のデジタル社会において、これらAIは人間の意思決定の支援、将来予測、業務自動化などの用途で欠かせない存在となっています。

AI技術が普及するにしたがって、AIとそれを利用する人間との関係には、新たな課題も浮上してきています。昨今の生成AIの登場では、高度なプログラミングを必要とせずに、比較的簡単にAIの入出力を調整することが可能となりました。AIのユーザーがデータサイエンティストやエンジニアから一般人へと移ったことで、これまで考えられてきたＡＩの技術利用に関するリスクが再考され、利用に伴う倫理的な問題も重要なテーマとなってきています。

これらのＡＩを利用することの社会的影響としては、人々の個人情報の漏洩やプライバシーの侵害、アルゴリズムによるバイアスや差別、自動化による雇用への影響などが挙げられます。これらの課題は、ＡＩを適切に社会実装していくうえで重要な要素であり、かねてより議論されてきたものでもあります。

ＡＩの課題を理解していくためには、ＡＩ技術の特性から導かれる一般的な課題と、生成ＡＩの普及であらわになった課題とを区別して考えることが重要です。

ＡＩ技術の特性から導かれる課題の例を挙げると、ＡＩのブラックボックス問題が有名です。ＡＩが下した判断の理由が提示されないためにわからないという問題が、ビジネスの場面におけるＡＩ導入の悩みのタネでした。ほかにも、ＡＩを開発する上での課題、法制度に関わる課題や、ユーザーの適正利用に関わる課題なども話題に上がります。たとえば、身分や人種的な属性をもとに、差別ともとらえられかねない結果を出力するＡＩのような問題が挙げられますが、これは生成ＡＩに限らず、ＡＩ技術の特性による一般的なものです。

本節では、ＡＩ技術の利点と共に議論されてきた問題を整理していきます。特にＡＩ技術の発展と普及により、新たに生まれた課題、倫理や規制に注目することで、これらの技術がどのように社会に受け入れられるべきかを整理していきます。

ＡＩの学習には質の良いデータの収集が重要

ＡＩを利用するには、目的に応じたデータを用意し、そのデータの傾向をＡＩに学習させる必要があります。データなしでＡＩモデルを作ることはできず、その際に利用されるデータの正確性は非常に重要です。

一般に大規模に収集されたデータといっても、データには内在する偏りがあり、ＡＩの判定に影響を及ぼす可能性があります。この問題は「データバイアス問題」として知られています。たとえば、ＡＩによる採用審査やローンの与信審査のように人の属性を使って判定を行うことが求められる場合、もとの学習データに偏りがあると公平な判断ができないばかりか、差別的ともとれる間違った結果を見出してしまうこともあります。

具体的なデータバイアスの問題としては以下のようなものがあります。

データのサンプリングの偏り

特定の地域や年齢層などのデータを偏ってサンプリングすると、実際の事実との差異が生じる可能性があります。たとえば、台風の被害状況をツイッターの投稿から把握しようとした際には、投稿が多かった地域はスマートフォンの所有率やツイッター利用率が高い地域に偏ることが想定されます。

また、ネット上のデータ自体には意図せずとも統計的・思想的な偏りが含まれている可能性があります。統計的には男性に発生することが多い事柄に対して、モデルの学習方法を工夫しないと男性であるだけでそのように判断するような単純なモデルが構成されることがあります。

意図的な偏り

開発者や学習データの提供者が意図的にデータに偏りを持たせる収集や学習を行うことで起こります。

後者の例を挙げましょう。一般に生成ＡＩを含むＡＩを使ったサービスは、ユーザーがサービスを利用したログも収集され、定期的にＡＩの学習データとして利用されているものと考えられます。学習データを大量に集め、モデルの更新には大きな利点とはなりますが、広く一般のユーザーが利用するサービスにおいては、開発者が意図せず、学習データとして不適切なものが集まる場合があります。

たとえば、ＡＩを使った米マイクロソフトのチャットボット「Ｔａｙ（テイ）」は、ユーザーとの会話で学習するＡＩとして２０１６年に発表されました。しかし、ユーザーとの会話の中で不適切な発言を連発したことが話題となり、１日足らずで公開停止に至ってしまいました。

ユーザーがいたずらに大量の差別的な内容を含むテキストを入力したことで、ＡＩが不適切なデータを学習してしまい、「汚されてしまった」ことが大きな原因です。つまり日常会話で使うことのないフレーズがデータとして組み入れられてしまったことになります。

開発者はデータとして適切なものを入力させ、仮に不適切な入力であっても対処するといったことが必要だと認識された事件でした。

複雑なＡＩの出力を解釈し、説明することが困難

深層学習によって作られるＡＩシステムは、一般に精度の向上とともにモデルの構造が複雑化していく傾向があります。そして複雑化していくほど、ＡＩの出力する結果に関して、解釈性が落ちていくことが知られています。モデルの解釈性は、どのようなモデルができあがったのかや、どのような出力が行われるモデルなのかを把握するために必要です。説明性は出力された予測値やＡＩの判断の根拠を提示して、意思決定を行うために欠かせません。

この一定水準のＡＩの精度と、挙動に対する解釈性（説明的であること）は、ともにＡＩを円滑にオペレーションに組み込んで利用するために必要となります。仮に予測がよく当たるといっても、そのモデルがどのように構成されているのか、目の前の出力の根拠は何かなどの理由がない限り利用することは難しいと言わざるを得ません。

顧客への説明やＡＩシステムの点検など、一般にＡＩにおける解釈性は運用の段階で重要となってきます。ＡＩが解釈性を持たない、あるいは説明的でなければＡＩの

運用が取りやめになってしまったり、AIシステムの不備を改善することができないという事態に陥ってしまいます。

2016年にはアメリカのミシガン州フリントで、鉛製の水道管の入れ替え工事が必要な場所を判別する予測モデルが作られ、運用されていました。導入後2〜3年の運用では精度は70％程度であり、一見すると作業が大きく改善するかのように見えました。

しかし、隣接する家屋の間で、工事の要否が異なることを行政側が住民に説明できずにいるうちに、AIモデルは使われなくなってしまいました。もちろん、これだけが原因ではありませんが、効率や安全よりも、安心感を与えられる説明ができなかったことが、ここでの要因と考えられています。

同様に、グーグルのフォトアプリにアップロードされた黒人2人組が写っている写真に対し、AIが自動的に画像を「ゴリラ」と認識したという事件も大きな話題となりました。AIがなぜ「ゴリラ」として認識したかを、AIの挙動を調べても専門家がすぐには特定できず、「ゴリラ」というタグの削除という形で対処したことも話題となりました。

これらの事例は、運用のとりやめや対処ができた例ではありますが、自動運転などの自律機械における事故では責任問題にもつながります。正解のない重要な選択をAIがしたときに、AIがどう判断したのかを人間がレビューし、理解できる機能が重要となってきます。

この解釈性と説明性は、AIのブラックボックス問題として深層学習で発展した今期のAIブームの中でも特に重要な課題として認識されています。現在でも、さまざまな研究が行われ、説明的AI（XAI：eXplanatory AI）や解釈性AI（interpretable AI）と呼ばれるAIの開発など、AI研究開発の中でも主要なテーマとなっています。

AIシステムの検証には際限がない

AIシステムは、従来のアプリケーションのように仕様が事前に把握できるものではありません。AIモデルは複雑であるがゆえに、その内部の構造や学習されたパラメータを調整し、結果を制御することが困難とされているからです。また、AI自身が確率的にものごとを判断したり、予測するため、AIシステムの完全な検証には困難が伴います。

従来のシステムでは、多くのテストケースを用意してバグや欠陥を発見することができますが、深層学習などのＡＩモデルでは、学習データセットがカバーしていない新たなケースや想定外の入力に対しても何らかのアウトプットを出してしまい、しかも、これらの予測結果を事前に把握することが非常に困難です。

多くのモデルでは有害な内容を出力しないような機能をモデルに備え付けていると考えられますが、出力を完璧に制御できないために、有害な内容を含むコンテンツを出力してしまう問題は残ってしまいます。

ＡＩの結果の信頼性や安全性を向上させるためには、膨大なテストデータやバリデーション手法の導入が必要です。実際の生成ＡＩの学習では、ＡＩが作り出したさまざまな出力に対して、人間が評点をつけ、それをＡＩにフィードバックするという学習プロセスを行っています。ＡＩシステムの入出力の品質保証はブラックボックス性や予測の根拠が不透明であるという課題と関連していますが、実務的には有害なコンテンツをばらまかないためであったり、誤情報をばらまかないためのシステムの安全性につながる課題ともいえます。

例示したＡＩの３つの課題は開発・検証・運用のどのステージでも関わってきます。対処するためには、データ収集の適正化、アルゴリズムの透明性と解釈性の向上、公平性を重視したモデルの開発、品質保証の検証へのコスト付与など、包括的なアプローチが必要です。

本節で紹介した課題は、従来はＡＩをシステムの一部として捉えたときのシステムの開発側やサービスの提供側で議論される課題が中心でした。昨今注目されている生成ＡＩでは、一般消費者に近いユーザーが専門家や監督者を介さずＡＩへの入出力を行うという場面が増えたため、課題を議論するシーンと対象者が変わってくることが重要です。

2 生成AIの普及によるリスクと課題

次に、生成ＡＩとしてのモデルの特徴からくる課題とその普及によるリスクについて考えていきましょう。

生成ＡＩは、判別や分類を行うモデルではなく、人間が求めるテキスト、画像、音声、映像、プログラムといった非構造化データを作り出すことに特化したＡＩです。生成ＡＩ自体は、深層学習の誕生以前から、長く研究されているＡＩ技術ですが、昨今話題に上がるＣｈａｔＧＰＴやステーブルディフュージョンなどのようなＡＩモデルは、最新技術を取り入れた生成ＡＩであるとともに、サービスとしてチャットボットのような入力インターフェースを備え、一般ユーザーへの利用の開放を行っていることが特徴です。

生成ＡＩは学習データとして、画像やテキストデータを大量に使って学習することが、最終的な精度向上には必要となってきます。つまり、より高精度なモデルを作るためには、より多くのデータが必要となるため、生成ＡＩを作る競争は、大規模データの取得競争でもあり、そのうえでの課題が散見されます。

課題の多くは、前述した一般のＡＩ技術が持つものと共通します。しかしながら、生成ＡＩは、エンジニアやデータサイエンティストだけでなく、不特定多数のユーザーが利用することでの課題も現れています。

著作権と知的財産権の侵害

生成ＡＩのモデルを構築するには、「自身でデータを収集して構築する」、または「他の生成ＡＩモデルから派生させて構築する」の2つの方法があります。

1つ目の「自身でデータを収集して構築する」方法では、多くの広範なデータを集める必要がありますが、数値のデータと異なり、テキストや画像データの大量の収集は困難です。通常は、モデル開発者や単一の組織の持つデータだけではデータが不足するため、ウェブ上のデータをクロールして収集・加工することが一般的となっています。クロールによる取得とは、ウェブ空間をロボットが自動的に巡回し、ウェブサイトの情報（ＨＴＭＬ、文章や画像など）を機械的に収集することです。

生成ＡＩのなかでも知名度の高いＣｈａｔＧＰＴはその学習データセットがどのようなものから構築されているのか公開されていません。しかし、ウェブ上のデータなどを中心としたものであることが知られています。

この学習データを構築するためのデータ収集の過程で、プライバシーデータや著作物が混入することがよくあるため、権利関係の絡んだデータ取得やそれを学習してしまった生成ＡＩモデルの利用が大きな問題となっています。不適切なデータを学習してしまうこと自体は、ＡＩ技術一般としても議論されてきましたが、画像生成系ＡＩやチャットボット系生成ＡＩが発表されたインパクトから、改めて各団体や政府が言及するようになりました。

イタリアがＣｈａｔＧＰＴの利用を禁止した大きな理由は、このプライバシーデータに対する懸念です。ユーザーに適切なデータ収集の情報提供や確認がなされていないことや、大規模なデータ収集とその利用の法的根拠がないことを理由として禁止しています（バージョンアップにより現在は利用可能）。

通常は、生成ＡＩ、特に大規模言語モデルの学習データには、公開データセットと呼ばれるものが利用されます。さまざまな非営利団体やウェブサイトの運営者が、ユーザーからの同意取得済みであることや法的な権利関係をクリアした形でウェブサイトの情報を整理配布しているものです。メタが発表した生成ＡＩモデルであるラマ（ＬＬａＭＡ）は学習データの内訳が公開されていて、非営利団体が公開するウェブ上のクロールデータであるコモンクロール（CommonCrawl）（67％）、グーグルが収集したさまざまなウェブサイト情報が含まれるＣ４（17％）などが中心となっています。

このように、同意や権利関係が確認されたデータを中心に扱うことがモデル開発者の倫理として求められています。

2つ目の「他の生成ＡＩモデルから派生させて構築する」とは、大量のデータを取得することが難しい場合に、他の生成ＡＩモデルから出力された画像やテキストと、自前の少量のデータを使って、新しいＡＩモデルを構築するということです。ＡＩモデルの構造を改変したり、一部を付け足したりして作ることもありますが、ここではすべて、「他の生成ＡＩモデルから派生させて構築する」として表現します。

自前のデータを使う方法であっても、参照したもととなる生成ＡＩモデルに権利侵害データが含まれていることもあり、派生的な構築方法においても注意が必要となっています。

テキストから画像を作る生成ＡＩはさまざまに発表されていますが、これらの派生関係の系譜を見てみましょう。図５－１では、主要な生成ＡＩのモデルとその派生モデルの関係を簡単にまとめてあります。

図5-1　主要な生成系AIとその派生モデル

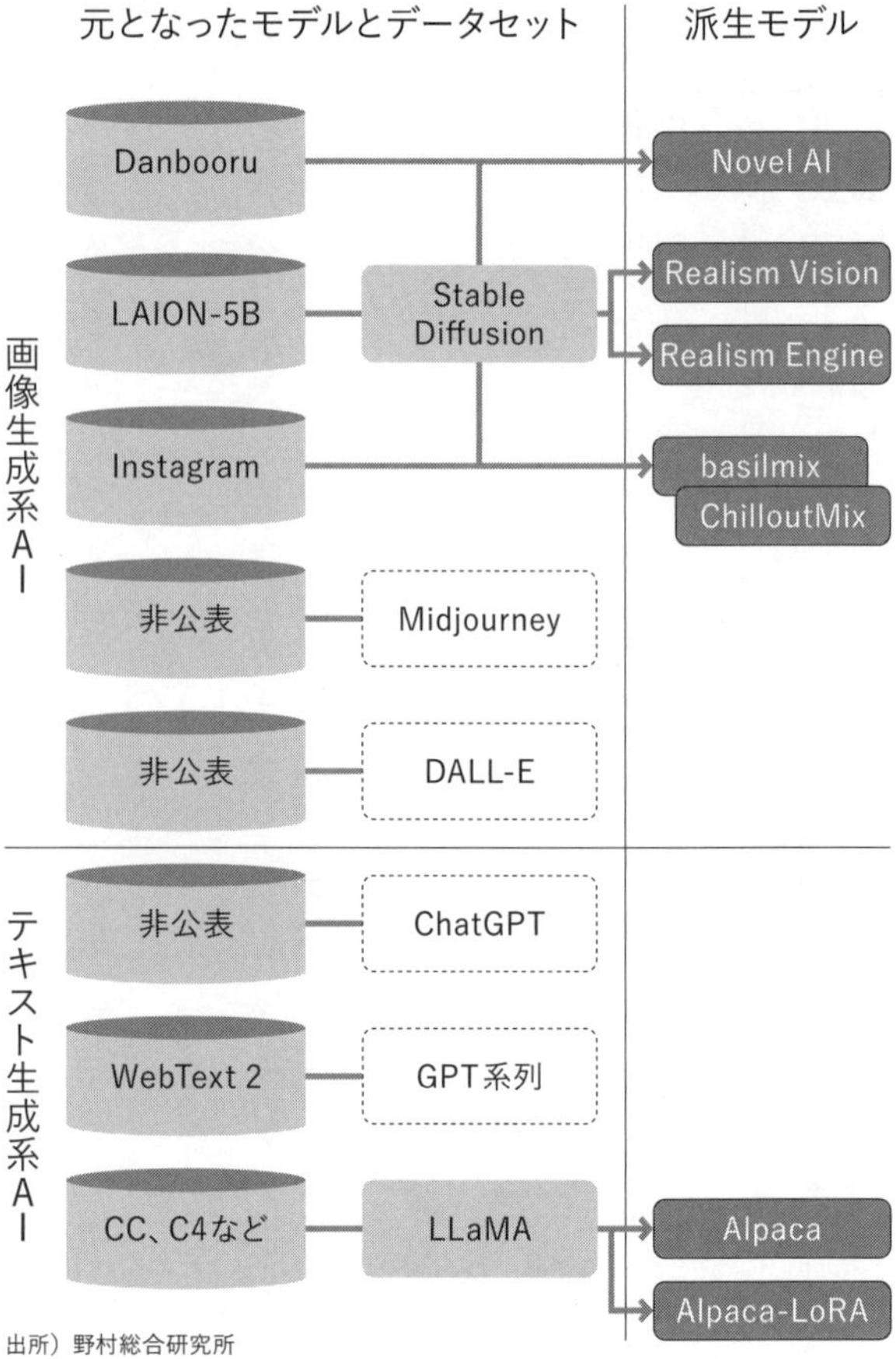

出所）野村総合研究所

有名な画像生成ＡＩであるステーブルディフュージョンはＬＡＩＯＮ－５Ｂというデータセットを学習データとしています。これは50億枚を超える、ウェブ上にある画像を収集して作られたデータセットです。著作物が多く含まれ、どこかから流出した医療画像データも含まれていることが知られています。また同時に、ステーブルディフュージョンはモデルのプログラムが公開され、誰でもその改良や改変が可能な状態で配布されています。

このプログラムを利用し、ステーブルディフュージョンのモデルにアニメ画像を多く含むデータセットをファインチューニングしたものがノベルＡＩ（Novel AI）です。また、インスタグラムなどのＳＮＳの画像データをファインチューニングしたものがbasilmixなどのモデルとして知られています。これらの学習データも著作者に無許諾で収集されたものを含むとされています。後述しますが、ステーブルディフュージョンやミッドジャーニーはこれらのことから著作物の公正利用なのか疑問が呈され、訴訟を抱えています。

一方、テキスト生成ＡＩでは、オープンＡＩのＣｈａｔＧＰＴが有名ですが、このモデルはデータセットもそのプログラムも非公開となっています。テキスト生成ＡＩ

において、プログラムとデータが公開（一部非公開情報あり）されているものは、メタ社が発表したラマがあります。オープンＡＩのＧＰＴ－３よりも小型でありながら、より高い精度をだすタスクもあり評価されています。このモデルは商用利用不可で、モデルパラメータは一部の限られた研究者にしか配布されていません。その中でもスタンフォード大学はラマをファインチューニングしたアルパカ（Alpaca）を発表し、さらに高速化技術を適用したものとしてアルパカ－ＬｏＲＡも発表されました。

　ラマを基盤モデルとした派生モデルは多数ありますが、ラマのパラメータは限定的な公開がなされているにもかかわらず、派生モデルはパラメータ等が公開されていて、一見すると利用可能となっているケースもあります。ラマが商用利用不可である以上、明示されていなくともこれらは商用利用不可と考えられますので、モデルの利用には気を付けなければなりません。

　配布されている派生モデルが、自由な利用を許諾していたとしても、参照されたモデルが著作物を含めた権利侵害をしていたモデルであったり、そもそも商用利用が禁止されているモデルであることもあるため、その系譜には注意が必要です。

　参照元の生成ＡＩの出所などがわからない場合、その学習データや生成物にどのような権利関係のトラブルが発生するかは事前に把握することはできません。学習データや生成データの著作物のほかに、モデル自体にも利用権・ライセンスが定められていることがあるため、商用利用できないモデルから派生したモデルが商用利用可能として配布されている例もあり、モデルの利用の可否は不明確になっていることも多いです。

モデルの「生成物」の著作権についても議論があります。

企業ロゴや商品説明文を作成する場面では、生成ＡＩに企業や商品のイメージをテキストで説明し、ロゴや文章を生成してもらうという使い方が考えられます。一般的には生成ＡＩの生成する画像やテキストには著作権が発生しないとのことですが、学習データとして利用した画像やテキストに類似したデータが生成された場合に、その著作権者との間でトラブルになる可能性は否定できません。

国内法だけでなく、海外におけるＡＩの生成物と著作物の取り扱いは複雑です。従業員が何らかのレポートを執筆する際に生成ＡＩを利用した場合でも、既存の著作物に関連する文章との類似性でのトラブルや、後述する情報の真偽性については十分な確認が必要となります。

生成ＡＩの利用において著作権に限らずデータのプライバシーや生成物の権利侵害の問題を完全にクリアにした状態にすることは現時点で困難と考えられます。

「わかりません」といえないＡＩ

生成ＡＩの普及はチャットボットのように入力インターフェースが整えられたサービスとして公開されたことが要因として挙げられます。専門家や監督者のいない環境下で不特定多数のユーザーが自由にＡＩへの入出力が行えるようになり、生成された画像やテキストを、個人の趣味として利用するというＡＩ利用の民主化をもたらしました。一方、このことはＡＩの利用者側にリテラシーと倫理が必要となる状況をもたらしました。

特に利用者側が意識すべきことは、生成ＡＩが誤った情報を提示するハルシネーション（Hallucination：幻覚）という性質を持つことです。ハルシネーションは、ＡＩモデルがデータに対して過学習を起こすことや不適切な特徴抽出によって引き起こされます。事実とは異なる不正確な内容や、文脈と無関係なデタラメな内容が生成されるのです。一見すると、信憑性があるようなテキストや画像が生成されますが、もっともらしい嘘であることに変わりはなく、生成ＡＩ、特に大規模言語モデルの大きな弱点と考えられています。

我々が私的な利用でコンテンツを生成し、生成ＡＩのクリエイティビティを楽しむのであれば問題ありません。しかし、複雑なクエリを生成ＡＩに入力する情報検索や問い合わせ系のタスクにおいては注意が必要です、訓練データにない情報に関しては、訓練データと似た傾向をもつ情報をそれらしく作り出したデータを生成ＡＩが提示し、的外れな回答につながる可能性があります。

２０２２年11月に、メタが「ギャラクティカ（Galactica）」と呼ばれるチャットボットＡＩを公開しました。ギャラクティカは、数千万件の科学系のテキストを学習し、科学系のタスクに強いことを売りにしていました。メタは「ギャラクティカの出力が真実であることを保証することはできません。言語モデルは幻覚を見せます。言語モデルのアドバイスを検証することなしに従わないでください」と説明を付記していたにもかかわらず、発表からわずか２日後にデモの公開を中止してしまいます。ギャラクティカが生成する回答文に誤った内容や、人種差別的な表現が含まれているとして批判が相次ぎ炎上してしまったのです。

図5-2
ChatGPTによる不正確な情報の返答
（創業日は1965年4月1日）

質問者 野村総合研究所の創業日を教えてください

ChatGPT 野村総合研究所（Nomura Research Institute, Ltd.）の創業日は1965年12月22日です。

質問者 12月22日ではないですよね？

ChatGPT 申し訳ありません、誤った情報を提供しました。
野村総合研究所（Nomura Research Institute, Ltd.）の創業日は1959年11月16日です。
おっしゃる通り、12月22日ではありませんでした。
訂正してお詫び申し上げます。

出所）ChatGPTより野村総合研究所

２０１６年にもマイクロソフト「Ｔａｙ」が同様に炎上しましたが、ギャラクティカの場合は科学的な事実でのデタラメな回答にも注目が集まり、ハルシネーションの話題をわき起こしました。

２０２３年5月には、ニューヨークの弁護士が裁判所に提出した書類が、生成ＡＩから出力された偽の判例を大量に引用していたとして謝罪しています。生成ＡＩによってもっともらしく記述された判例を疑いつつも、生成ＡＩ自身にこの判例が正しいかどうかを問うことで検証したといわれています。とある領域の専門家であってもＡＩ自体の使い方を間違えることやＡＩへの過信から間違いを起こしてしまう良い例となってしまいました。

コンテンツ生成としての利用では有用な側面を持つ生成ＡＩですが、問い合わせ系のチャットボットとして利用すると真偽不明の情報が生成されることが頻発しています。特に情報検索や情報抽出においては、その信憑性や妥当性が担保されているものではないことがわかります。

ハルシネーションがどのような課題とリスクを生むのか整理します。

無関係な情報・矛盾した情報の生成

ＡＩが、ユーザーの期待する生成物とは関連性のない文章や画像を生成し、それを非常にリアルに提示するリスクがあります。たとえば、企業情報の要約を生成する際に、事実とは異なる内容を含めて回答する可能性があり、この内容をもとに取引や投資を行うことは大きなリスクを伴います。同様に、自動運転やドローンなど、ＡＩを使用したシステムの一部に生成ＡＩが搭載されている場合、ハルシネーションにより、道路上の障害物を誤認識したり、危険予知に失敗し、適切な回避行動をとれないことがあります。

誤情報の拡散

自然言語処理を使用したニュース記事の生成や翻訳では、ハルシネーションによって誤情報が生成・拡散されてしまうことが考えられます。ユーザーが発信した内容が意図せず社会的な混乱を引き起こしたり、本人の信頼性の低下を生み出す可能性があります。

偽情報の拡散による社会の混乱（ディープフェイク）

生成ＡＩは、ユーザーの求めに応じて情報（データ）を生成しますが、ハルシネーションによって、誤った情報が生成され、ユーザーや社会を惑わせてしまうことがあります。一方で、社会を惑わすことを目的に、誤った情報を生成しようとする悪質な利用も課題となってきています。

ディープフェイクと呼ばれ、生成系ＡＩを使用して、実在する人間や風景の特徴を模倣した偽の動画や写真、音声を作成することです。特に、ＳＮＳ上などで一般人に対し、その画像や映像が真実であるかのように喧伝し、偽情報を拡散することが目的であることがほとんどです。

国内では、２０２２年に静岡県を襲った台風15号による被害に関して、水没する市街の様子としてフェイク画像がＳＮＳ上で出回る事件がありました。投稿者は「空撮された静岡県の水害」の画像としていましたが後に、画像生成ＡＩで作成した画像と公表しました。フェイク画像の拡散自体から直接の被害はなかったものの、フェイク画像が見せる水害の甚大さから、ＳＮＳ上では瞬く間に拡散され、被災地への過剰な心配や不安を生むものとなりました。

フェイスブック上でウクライナのゼレンスキー大統領が同国の兵士や市民にロシア側への投降を呼びかけるフェイク動画が投稿される事件がありました。ロシアによるウクライナ侵攻が続く中での、世論や戦況を誘導する目的でのディープフェイク技術の利用は、生成ＡＩが悪意ある利用によって社会への多大な影響を与える可能性があることが顕著に示唆されたケースでした。

ハルシネーションと同様に、ディープフェイクは偽のコンテンツや誤った情報の拡散につながり、深刻な社会問題を引き起こす可能性があります。背景の技術的な特性はこれまでと類似するものですが、不特定多数のユーザーが利用することで、急速にリスクが拡大していることが認識されています。

ＡＩに対する昨今の最大の懸念は、不特定多数のユーザーやＳＮＳの存在によって、悪意のあるなしに関わらず誤情報が簡単に出回り、集団運動につながることです。これらのことが原因で、ユーザーと公共の安全性を保護するためにＣｈａｔＧＰＴを完全に禁止する国やＡＩに関するポリシーを再考する国も出てきています。

3 再考されるＡＩ利用の倫理と規制

ＡＩのガイドライン策定で先行する日本

ＡＩの進化は、私たちの生活を便利にし、新たな可能性を切り拓いています。たとえば自動運転車の開発においては、ＡＩが交通事故のリスクを減らし、運転の負担を軽減することが期待されています。医療分野ではＡＩが病気の早期発見や治療法の開発を支援することで、医療の質や効率を向上させる可能性があります。

一方で、これまでは特定ドメインだけに貢献するＡＩの機能や法制度が議論されてきましたが、今後ＡＩの進化と普及に伴い想定されるのは、一般ユーザーに広く接するチャットボット系のユーザーインターフェースを持つ生成ＡＩと考えられます。

生成ＡＩは、その使い方から個人のプライバシーや公平性を脅かすだけでなく、社会的な混乱を引き起こしかねないリスクもあります。ＡＩ利用の倫理的な枠組みと規制がますます重要となることが予想されます。

日本では、世界的に見ても早期からＡＩのガイドラインの策定が進められてきました。総務省「ＡＩネットワーク社会推進会議」が２０１７年に「ＡＩ開発原則（案）」を、同会議は２０１８年には「ＡＩ利活用原則」を公表しています。加えて、２０１９年には「人間中心のＡＩ社会原則」が策定されました。

特に「人間中心のＡＩ社会原則」では、社会がＡＩを受け入れ適正に利用するため、社会が留意すべき基本原則が７つ提示されています。

①人間中心の原則：ＡＩは、人間の労働の一部を代替するのみならず、高度な道具として人間の仕事を補助することにより、人間の能力や創造性を拡大することができる
②教育・リテラシーの原則：人々の格差やＡＩ弱者を生み出さないために、幼児教育や初等中等教育において幅広く機会が提供されるほか、社会人や高齢者の学び直しの機会の提供が求められる
③プライバシー確保の原則：パーソナルデータを利用したＡＩ、およびそのＡＩを

活用したサービス・ソリューションは、政府における利用を含め、個人の自由、尊厳、平等が侵害されないようにすべきである

④セキュリティ確保の原則：社会は、ＡＩの利用におけるリスクの正しい評価や、リスクを低減するための研究等、ＡＩに関わる層の厚い研究開発を推進し、サイバーセキュリティの確保を含むリスク管理のための取組を進めなければならない

⑤公正競争確保の原則：特定の国にＡＩに関する資源が集中した場合においても、その支配的な地位を利用した不当なデータの収集や主権の侵害が行われる社会であってはならない

⑥公平性、説明責任、及び透明性（ＦＡＴ）の原則：ＡＩの設計思想のもとにおいて、人々がその人種、性別、国籍、年齢、政治的信念、宗教等の多様なバックグラウンドを理由に不当な差別をされることなく、全ての人々が公平に扱われなければならない

⑦イノベーションの原則：ソサエティ5・0を実現し、ＡＩの発展によって、人もあわせて進化していくような継続的なイノベーションを目指すため、国境や産学官民、人種、性別、国籍、年齢、政治的信念、宗教等の垣根を越えて、幅広い知

識、視点、発想等にもとづき、人材・研究の両面から、徹底的な国際化・多様化と産学官民連携を推進するべきである

出所）「人間中心のＡＩ社会原則」（統合イノベーション戦略推進会議）２０１９年３月29日

このようなＡＩのガイドラインは国内・海外において複数存在します。総務省が整理した各組織のＡＩガイドライン比較表によると、国内・海外ともに類似の観点が挙げられ、主に以下の16の項目に分類されています。

「人間中心」「人間の尊厳」「多様性、包摂」「持続可能な社会」「国際協力」「適正な利用」「教育・リテラシー」「人間の判断の介在制御可能性」「適正な学習（学習データの質）」「ＡＩ間の連携」「安全性」「セキュリティ」「プライバシー」「公平性」「透明性説明可能性」「アカウンタビリティ」（出所：総務省「ＡＩガイドライン比較表」）

比較表の中でも共通して言及される項目としては、人間の尊厳、安全性、プライバシー、透明性・説明可能性、アカウンタビリティ（説明責任）となっています。

２０１９年時点のガイドラインでは、生成ＡＩにおける「ハルシネーション」や

「ディープフェイク」を明確に意識した指針はありません。最も近しいものでも「ＡＩ利活用ガイドライン／ＡＩ利活用原則案」における適正利用の原則で「利用者は適正な範囲及び方法でＡＩシステム又はＡＩサービスを利用するよう努める」との記載にとどまっています。生成ＡＩの登場で、ＡＩと人間社会との関係が急速に変わり、既存のガイドラインでは不足であったり、ガイドラインという自主的な規律では防ぎきれないリスクがあるため、早急に見直しが進められています。

政策の方針として定めるガイドラインの他にも、上場企業や大学などの組織が定めることも増えてきており、ＡＩの利活用の指針は、すでにコーポレートガバナンスの課題として認識され始めてきています。

急がれる法規制の策定

ＡＩの急速な普及に、自主的な規律を促すガイドラインという形では不足を感じ、法規制でその利活用を制限・誘導するケースも見られます。その多くは、著作権や個人情報といったデータの無秩序な収集とその利用を規制するものです。

欧州連合の一般データ保護規制（GDPR）

ＥＵ域内での個人情報の保護に関する規制であり、個人の同意、情報の目的外利用禁止、データ主体の権利保護などを定めています。ＧＤＰＲの主目的は、市民と居住者が自分の個人データのコントロールの主権を取り戻すことであり、国際的ビジネスの規制を定めることです。

カリフォルニア州の消費者プライバシー法（CCPA）

カリフォルニア州で個人情報の取り扱いを規制する法律であり、個人情報の開示、選択肢の提供、情報の販売制限などを求める規制です。

一般的なＡＩの利活用に関わるデータの取得規制は、主に企業のような組織に対するガイドラインであったものが規制となってきています。一方で、生成ＡＩで顕在化したリスクや課題については、不特定多数のユーザーに向けたＡＩの適正な利活用を促すにとどまっており、いまだ議論が紛糾しています。ＡＩの利活用をガイドラインで促すか法規制とするかは、各国・各組織で対応が分かれているのが現状です。

たとえば、生成ＡＩを利用する上での著作権やプライバシーなどの権利関係についての法規制も、基本となる解釈はありつつも、生成ＡＩの普及とともに巻き起こったさまざまな問題で訴訟が提起され、議論の複雑化が見込まれています。そのため国際的に標準化された枠組みが定められることが期待されます。

以下、現時点での主な論点を整理しましょう。

学習データの権利問題

２０２２年11月には、ギットハブが発表したＡＩベースのプログラム支援サービス「コパイロット」が、オープンソースのコードからなるデータセットを機械学習に使用したことについて問題になりました。２０２３年1月には画像生成ＡＩを開発し、サービスを展開しているスタビリティＡＩやミッドジャーニーなどが学習データに著作物が含まれているとして、双方とも集団訴訟が起こされています。これらの訴訟の判決は２０２３年5月時点で出ていません。米国の著作権法のフェアユース（公正利用）規定に該当するかなどＡＩの学習データと著作権に関する法的取り扱いはより複雑化していくことが想定されています。

一般に、著作物を公正利用（学術研究、教育など）するという形で利用できるケースはいくらか存在します。日本国内においては著作権法30条の4にある著作物の「情報解析としての利用」であれば、権利侵害せずに著作物を利用できるとされているため、侵害に該当しない可能性が高いと考えられています。

生成物の取り扱いの問題

日本国内では著作物は「思想または感情の創作的な表現」と定義されており、AIの生成物には「思想または感情」が入り込む余地がないため著作権は発生しないということが基本的な解釈となっています。しかし、生成AIを生成過程の一部として扱い、その生成課程に十分な工夫を施したり、生成物に加工を加えることで、著作権が発生することも考えられます。こうした問題は、まだ判断が定まっていないこともあり、注意が必要です。

2023年6月にはEUにおいて、AI規制案が採択されました。これはAI技術の包括的な管理を目指す動きとして注目され、今後の動向に影響を与えることが考えられます。特に、権利関係について言及されている点が多く、AIの学習に使われた著作物の開示、生成AIによって生成された画像や文章について、その旨を表示すること、生体データの無差別の収集の禁止などが明記されています。

人権やプライバシー、そして知的財産などに関わるＡＩ利用の指針や規制の策定は過渡期にあり、各国でその議論の対象もステージも異なります。現在はデータ保護や権利関係の観点が中心となることが多いようですが、他にもさまざまな観点で議論が行われています。

アルゴリズムの透明性に関する規制

ＡＩのアルゴリズムが透明であることや公平性が確保されていることを要求する規制が提案されています。著作物を学習したＡＩには、著作権のある資料が使用されたことやその内容の開示義務が課されるなど、ＡＩの組成についての情報が広く公開されることを促す法規制が考えられています。

生体情報、誤情報、差別的な表現の取り扱いや生成が考えられるＡＩシステムは、より高い透明性が求められること、大きなリスクの伴う場面でのＡＩ利用は、人間が最終的な監督者や責任者となり、意思決定を行うことなどを求めるといった項目が議論されています。

製品安全基準

ＡＩに組み込まれる製品やサービスの安全性に関する規制があります。ＡＩが人々の生活や健康に影響を及ぼす可能性がある場合、安全性と品質の基準を満たすことが求められます。特にＥＵでは、安全性や人権侵害の程度に応じてＡＩシステムを分類し、想定されるリスクに応じた利用規制や、製品評価基準を策定することが議論されています。

軍事・公安利用の制約

ＡＩを搭載した兵器や自律的な兵器システムに対する規制として、殺人的自律兵器システムに関する規制などがあります。また、世論誘導などの政治工作に関する側面でもディープフェイクの利用が懸念されています。

ＥＵではＡＩの生成物であることの表示などが義務付けられることとなりましたが、国家規模で行われる軍事利用についての議論は深まっていません。市街地における監視カメラなどによるリアルタイムでの生体情報や個人情報の収集についても、国家による国民の監視をさける観点で規制されようとしています。

ＡＩに関する法規制は、急速な技術の進化と普及で社会が混乱することを防ぐために必要不可欠です。データ保護や個人情報の取り扱い、アルゴリズムの透明性や公平性、製品の安全性、公正な競争、軍事利用の制約など、さまざまな規制が存在します。これらの法規制は、個人や社会の利益を保護し、ＡＩの利用におけるリスクを最小限に抑えるために重要です。国や地域の法律の枠組みに加えて、国際的な協力や規制の共有も求められます。

法規制はＡＩへの制限や技術の発展に対してブレーキをかけるものかもしれませんが、倫理的な考慮や社会的な懸念を解決するための道筋を示すものとなります。

第6章

日本企業の動向と
これからの生成AI

1 日本における生成AIを巡る動き

ChatGPTへの関心が高い日本

日本はChatGPTの利用者数が多い国の1つであり、2022年11月〜2023年4月のオープンAIへのアクセス数情報によると、アメリカ・インドに次ぐ第3位となっています。人口規模の違いを考えても、日本はChatGPTへの関心が高い国の一つであるといえるでしょう（図6−1）。

なぜ日本はChatGPTへの関心が高いのでしょうか。世界的に見て、日本はAI技術に対する許容度が高いというデータがあります。米シンクタンクのピュー研究所が2020年9月に発表した調査結果によると、日本は「人工知能の開発は、社会にとって良いことである」と答えた割合が65％（アメリカ47％、調査対象国中央値53％）、「人間の仕事を代替するロボットの利用は、社会にとって良いことである」と

図6-1　openai.comの国別トラフィックシェア
（2022年11月～2023年4月）

順位	国	トラフィックシェア
1	米国	10.6%
2	インド	9.0%
3	日本	6.6%
4	インドネシア	3.6%
5	カナダ	3.2%
6	フランス	3.0%
7	スウェーデン	2.5%
8	ブラジル	2.4%
9	ドイツ	2.3%
10	中国	2.3%

出所）SimilarWebより野村総合研究所

図6-2 人工知能の開発やロボットの利用は社会にとって良いことか

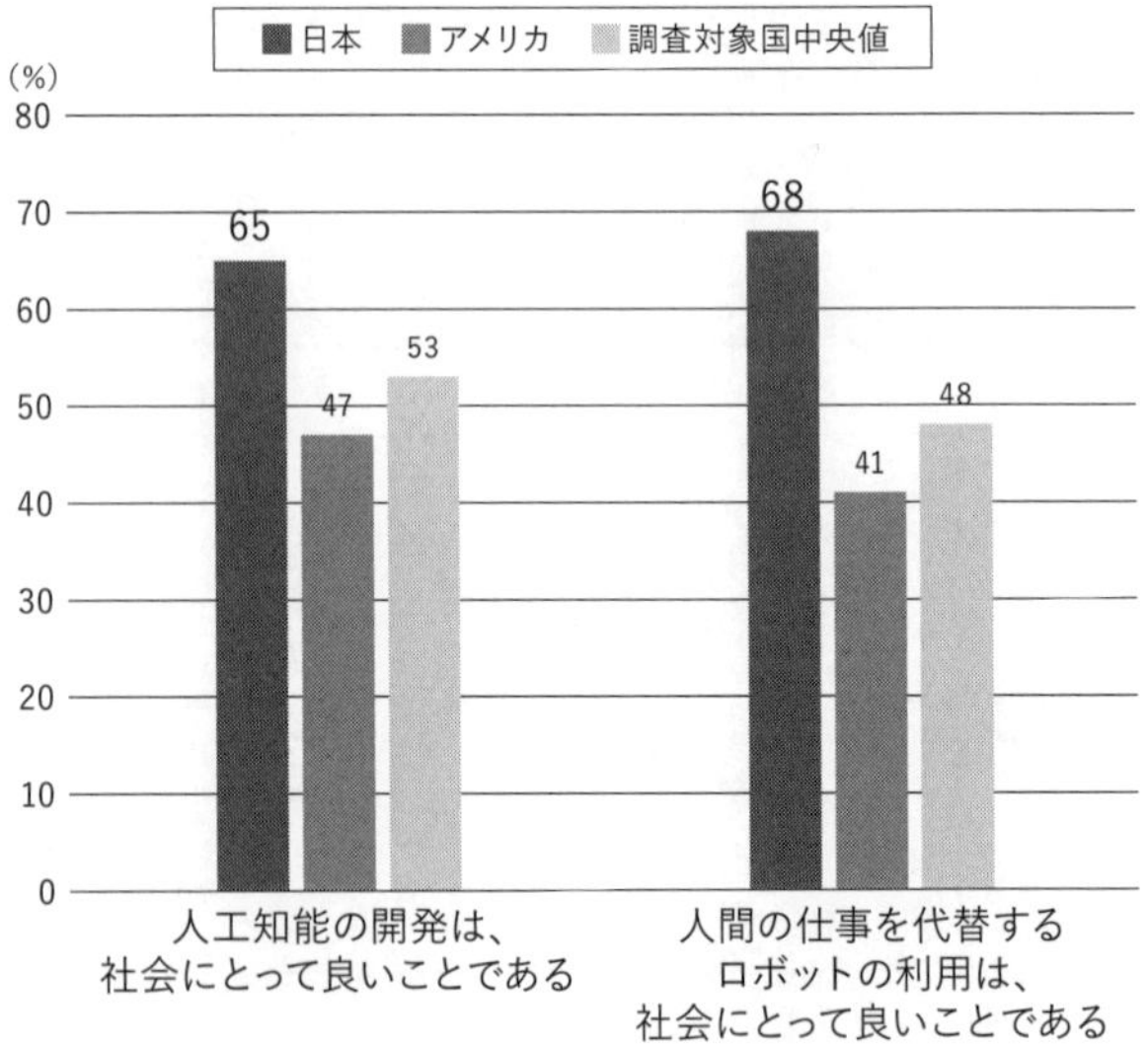

出所）ピュー研究所「Science and Scientists Held in High Esteem Across Global Publics (2020年9月)」より野村総合研究所

答えた割合は68％（アメリカ41％、調査対象国中央値48％）でした（図6－2）。

ＡＩ技術やロボット技術の受容性は概ねアジア諸国で高く、欧米で低い傾向もあるようです。高度に自動化された製造業などで、すでにロボット活用に馴染みがある国ほど、人工知能に対しても肯定的な感覚を持っているという考察もあります。

生成ＡＩの活用を期待する人工知能学会

人工知能を対象とする研究者の集まりである人工知能学会（The Japanese Society for Artificial Intelligence）は、２０２３年4月25日、生成ＡＩに対する声明を発表しています。声明は、社会に向けたもの、教育の場に向けたもの、研究コミュニティに向けたものの３つに分かれています。いずれも現時点では課題があることを示し、節度のある利用を求めていますが、基本的にはその技術的進歩と可能性の大きさから積極的に関わることが推奨されています。

生成ＡＩに対する「期待」としては、アイデアの創造や効率化などの点での有用性を挙げ、創造的活動を支援する大規模生成モデルの利用を推奨しています。一方で「課題」としては、社会規範や倫理にそぐわないものを生成する可能性を指摘し、教育

図6-3　人工知能学会の生成AIに対する声明

社会に向けて	大規模生成モデルは、文章の生成や相談事、検索的用途など、実に多彩な使い方ができ、それによるアイデアの創造や効率化などの点で極めて有用性の高いAIですが、まだ発展途上の技術であり、社会規範や倫理にそぐわないものを生成する可能性があるなど解決すべき課題もいろいろ指摘されています。そのような技術であることを理解した上での正しい活用が必要です。大規模生成モデルが出力したものを鵜呑みにするといった無条件な受け入れ方をせず、大規模生成モデルの簡単な仕組みや、その長所・短所を理解した上で利用することが大切です。
教育の場に対して	一律な利用の禁止は何も生み出しません。積極的に利用する前提で、どのように教育に活用するかを検討すべきと考えます。学ぶことへの好奇心や意欲がある場合には積極的に利用すべきですが、自分で考えることなしに答えのみを教えてもらう用途には利用すべきではないなど、積極的に活用する場面、禁止すべき場面を皆で考えることが重要だと考えます。
研究コミュニティに対して	AIを創る側としての自覚を持ち、野心を持ちつつも節度ある研究開発をすることを希望します。論文執筆においては、大規模生成モデルを利用するしないに関わらず、論文のコアとなる部分が研究者による創造的作業に基づくものであることは当然のことであると考えます。研究者の創造的活動を支援するための大規模生成モデルの積極的な利用は推奨すべきであると考えます。

出所）人工知能学会ホームページ

の場では、活用する場面、禁止すべき場面の整理が必要としています（図6－3）。

ルール作りを急ぐ政府

生成ＡＩの急速な進化を受けて、国もルール作りに取り組んでいます。内閣府が主導する「ＡＩ戦略」では、生成ＡＩの急速な進化を念頭に置いた上で、ＡＩ活用による生産性向上や競争力強化を提言しています。２０２３年5月11日には第一回の会合が開かれ、生成ＡＩなどのＡＩの進化によるさまざまな可能性と懸念が混在している現状や、開発競争の激化などが指摘されました。その上で、ＡＩ技術に対して図6－4のような論点が整理されています。今後、これらの論点に基づき、国としての具体的なルールや方針が示されると考えられます。

２０２３年5月19日～21日に広島で開催された「G7広島サミット」でも、生成ＡＩに関する声明が盛り込まれました。サミットでは、「広島ＡＩプロセス」という国際的枠組みの中でルール作りを議論することで合意しています。5月30日には、日本が議長国となりG7実務者部会の初会合が開かれました。広島ＡＩプロセスは、年内にその議論の結果を報告するとしており、日本だけにとどまらない国際的な環境整備

図6-4　AIを巡る主な論点
（内閣府）

論点1 AIの利用	● 日本のAI利用は遅れていないか ● どのような点に留意し、 どのように利用を進めるべきか
論点2 懸念・リスク	● プライバシーの侵害、犯罪への使用など 人権や安心を脅かす行為への対処 ● 機密情報の流出、サイバー攻撃の巧妙化など セキュリティ上のリスクへの対処 ● 誤情報、虚偽情報、偏向情報等が 蔓延する問題への対応 ● AIによる知的財産権侵害 ● AIの透明性をどのように確保するか ● AI利用に当たっての責任の所在 ● 諸外国におけるルール形成、 国際的な規律・標準の検討などへの対応
論点3 AIの開発	● 日本のAI開発力は遅れていないか、 どのように強化すればよいか

出所）内閣府「第1回AI戦略会議（2023年5月11日）」資料より

も広がっていきそうです。

活用を模索し授業への取り入れが進む教育機関

教育機関でも、生成ＡＩの活用を前向きに捉える意見が出てきています。東京大学は、２０２３年4月に教育・情報担当の副学長による生成ＡＩに対する声明を発表しました。声明の最後は以下のような文章で結ばれています。

- 生成系ＡＩを有害な存在として利用禁止するだけでは問題は解決しない。どのようにしたら問題を生じないようにできるか、その方向性を見出すべく行動することが重要。
- 大きな変革の時期に来ており、本学構成員は、この変化を傍観するだけでなく、積極的に良い利用法や新技術、新しい法制度や社会・経済システムなどを見出していくべき。

出所）東京大学ホームページより

また、2023年5月、武蔵野美術大学も画像生成ＡＩを念頭に置いて、以下のような6つの指針を発表しています。

- 身近なツールとなってきた生成ＡＩを、まずは自分の目で確かめてみよう。
- 生成ＡＩの問題や可能性についてより深く考えていこう。
- 個人情報や機密情報、また悪意のある内容の入力は絶対にしてはいけません。
- レポートや論文に、生成ＡＩの回答をそのまま用いて提出することを禁止します。
- 生成ＡＩを引用するときは出典として明記してください。
- 生成ＡＩの回答をそのまま「自分の作品（自作）」として提出することを禁止します。

出所）武蔵野美術大学ホームページより

東京大学と武蔵野美術大学の声明に共通するのは、生成ＡＩを用いた不正行為は厳しく禁じるものの、それ自体がどのようなものであるかは、むしろ自らの目で、その実態を積極的に確かめることを推奨している点にあります。生成ＡＩをやみくもに禁止するのではなく、まずはそれを学生自身に肌感覚として触らせることで、学生のＡＩ技術に関する体験的理解を深めることを目指しているともいえます。

一部の教育機関では、実際の授業に生成ＡＩを取り込む事例も出てきています。立命館大学は、ＣｈａｔＧＰＴと機械翻訳を組み合わせた独自の英語学習ツール「トランサブル（Transable）」を、２０２３年4月より試験導入し、英語授業の一部で活用し始めています。

甲南女子大学文学部メディア表現学科では、ＣｈａｔＧＰＴの使い方やＡＩと情報社会の現状・展望を学んだ上で、学生自らがＡＩを活用して理想とする授業を考えるグループワークを、同じく２０２３年4月よりカリキュラムに導入しています。まずは学生自身に授業を通じて生成ＡＩを試す機会を与えることで、生成ＡＩがどんなものかを理解させようとしています。

日本オリジナルモデルを作る動き

ＣｈａｔＧＰＴのような海外で構築されたモデルを利用するだけでなく、日本のオリジナルの生成ＡＩモデルを作るべきという議論も盛んになっています。ＩＴ企業のサイバーエージェントは２０２３年5月、68億パラメータを持つ大規模言語モデルを構築し、公開しました。サイバーエージェントが公開したモデルは商用利用可能なライセンスで提供されていることから、このモデルを用いた研究開発や実装が進む可能性があります。

東京工業大学、東北大学、富士通、理化学研究所は共同で、スーパーコンピューター「富岳」を用いた生成ＡＩの構築に取り組み始めており、２０２３年度中の構築を目指しています。ＮＴＴやソフトバンク、ＮＥＣも独自の生成ＡＩを開発する意向を示しており、ソニーグループも独自の大規模ＡＩモデルの構築に取り組むと発表しています。このようにさまざまな事業会社がオリジナルのモデル作りに着手しており、日本における生成ＡＩモデルの一層の精度向上と活用が進む可能性があります。

海外でも続く議論

海外の動きはどうでしょうか。イタリアでは一時期ＣｈａｔＧＰＴの利用が禁止されました。その理由は、イタリアがすべてのＩＴ事業者に求めている個人情報保護のための仕組みづくりが不十分というものでした。オープンＡＩのアプリケーションのバージョンアップによりこの問題が解消され、現在では利用できるようになっています。

ＥＵ加盟国は、生成ＡＩに対する警戒が強く、使用にあたって独自の法律を設けて厳しく規制する姿勢を見せています。２０２３年6月には、ＥＵの欧州議会において、包括的人工知能（ＡＩ）規制案が採択されました。ＡＩが生成した画像などに「ＡＩ製」と明示することを求め、また、ＡＩが著作権で保護されたデータを取り込んだ場合には公表を求める内容となっています。生成ＡＩの開発や利用に対する透明性が重要視されています。

アメリカでは、ハリウッドの映画脚本家らが生成ＡＩに仕事を奪われかねないとして、著作権を保護する規制を求め15年ぶりにストライキを行いました。新技術の活用により生産性を高めたい事業者と、それに抵抗する専門職という構図は、歴史的にも何度も繰り返されていますが、生成ＡＩは特にそのインパクトが大きく、双方の利益に配慮した合理性のある規制などが求められるかもしれません。

海外の企業では、アップルやサムスンが従業員のＣｈａｔＧＰＴ使用を禁止していると報道されています。ニューヨーク州の公立学校では、当初ＣｈａｔＧＰＴの利用を禁止していましたが、現在では利用を認める方針に変更しています。中国でもアリババ、テンセント、バイドゥのような大手ＩＴ企業が生成ＡＩの開発を発表しています。このように、日本だけでなく、世界各国でも生成ＡＩは高い注目を集めており、賛否両論が入り交じりながらも、活発な議論が行われています。

2　生成ＡＩを活用する日本企業

労働力不足対策としての期待

日本が生成ＡＩの活用を考える上で、避けては通れない要素として労働力不足の問題があります。日本は世界でも類を見ない高齢化が進行する一方、それを支える若年層の人口は減り続けています。

国立社会保障・人口問題研究所が2023年4月に発表した最新の将来人口予測によると、日本の人口は2020年の約1・26億人から、2070年には約8700万人まで、約31％減少すると予想されています。特に、生産年齢人口（15歳〜64歳）の減少率は一層深刻であり、2020年の約7500万人が2070年には約4500万人と、約40％も減少すると見込まれています。労働力不足が深刻化する中で、これまでと同様の経済水準を保つとすれば、労働者1人当たりの生産性を大幅に高めなければなりません。

岸田総理大臣は、2023年4月に開催された「第17回新しい資本主義実現会議」において、「生成ＡＩは、活用の仕方によって人手不足への対応などの労働生産性の向上が期待されるものである。産業側での利活用に向けた課題の洗い出しと、開発の促進などの環境整備を進める」と発言しています。労働力不足への対応が日本経済における喫緊の課題となっている中、生成ＡＩは、これを克服するための技術としても期待されています。

業務効率化を図る日本企業

日本の民間企業の中でも積極的に生成ＡＩを社内で活用する動きが出てきています。図６－５のように業種を問わず、さまざまな企業において生成ＡＩの活用が模索されている状況にあります。

パナソニックでは、社内ネットワークを通じて、ＣｈａｔＧＰＴを利用できるようにしています。また「回答が正しいとは限らないので、人の手で最後の判断を行うこと」「社内固有の質問はできないので、公開情報に関する質問をすること」などの独自のルールを定めて運用しています。

日立製作所では、２０２３年5月に「ジェネレーティブＡＩセンター」という新組織を立ち上げることを発表しました。この新組織が中心となって、生成ＡＩの日立グループでの業務利用を推進し、ノウハウ蓄積と顧客への環境提供を行うことで価値を創出する計画としています。

図6-5　生成AIを活用する日本企業の取り組み例

企業名	取り組み例
パナソニック	社内ネットワークを通じてChatGPTを利用
日立製作所	「Generative AIセンター」という新組織を立ち上げ
KDDI	生成AIを調査や文書作成用途で社内利用
三井住友海上	生成AIを活用して社内や保険代理店からの照会対応業務を効率化する実証実験を開始
ソフトバンク	生成AIを活用する新会社を設立
メルカリ	生成AIや大規模言語モデルを研究する専門チームを設置
三菱総合研究所	社内のレポート作成業務でChatGPTを活用
明治安田生命	ChatGPTを社内業務に活用する実証実験を開始
大和証券	書類作成に活用する生成AIを導入

出所）2023年5月までの各社公開情報を元に野村総合研究所作成

自社サービスに生成AIを活用する日本企業

さらに一歩踏み込んで、顧客向けの具体的なサービスとして、生成ＡＩを活用する動きも現れています。

まず挙げられるのが広告業界です。電通は、広告クリエイティブ制作のプロセスをＡＩ活用によって革新する「∞ＡＩ（ムゲンエーアイ）」プロジェクトを通じ、生成ＡＩの活用により「訴求軸発見」「クリエイティブ生成」工程の機能が大幅に改善したとしています。博報堂は、広告コピーの自動生成の他、ＡＩ映像サービス「Ｈ－ＡＩナラティブ」を発表しています。ユーザー保有コンテンツと広告素材を生成ＡＩ技術によって融合させるもので、よりパーソナライズされた広告体験を提供できると期待されています。

サイバーエージェントは、前述した独自の大規模言語モデルの公開だけでなく、広告生成ＡＩの開発にも取り組んでいます。生成ＡＩ技術を用いることで、広告画像や広告コピーを、配信ターゲットに合わせて個別に自動生成することで、広告効果の向上を目指しています。広告業界では、従来からＡＩ技術を用いた効率化への取り組みが進められてきましたが、生成ＡＩの急速な進化を受け、その流れが加速しています。

広告業界以外でも、さまざまな取り組みが始まっています。コクヨは新規事業開発の実証実験を行う組織「コクヨオープンラボ」において、自社のソリューションであるオフィスデザイン分野で生成ＡＩを活用しています。生成ＡＩが作成したデザインを人間が評価し、そのデザインに対する人々の受容性を評価することで、従来の発想にとらわれない創造的なデザインを生み出そうという試みです。

野村證券は個人投資家向けに提供している投資情報発信サービスにおいて、ゼノデータが作成した言語生成ＡＩ「スペクトラム」を用いることで、従来からの数値予測に加えて、文章での予測の提供を始め、より投資家にとってわかりやすい情報の提供を目指しています。

リクルートは旅行予約サイト「じゃらん」の検索手段として、マイクロソフトが提供する「アジュール オープンＡＩサービス」を組み込み、ユーザー体験を向上させる取り組みを行っています。従来のように人間が必要な条件を細かく設定して宿を探すのではなく、対話形式であいまいな条件から宿が提案されます。たとえば「東京駅から電車で2時間、温泉の評価が高い宿に1泊旅行したい」というリクエストをすると、電車のアクセスが良い北茨城、鬼怒川、日光、甲府、軽井沢エリアの温泉宿を提案してくれます。

研修作成サービスを提供するメドレーは、研修プログラムの提案において生成ＡＩ技術を組み込んだ機能を提供し始めました。従来、人の手で複数の研修プログラムを組み合わせていた作業を、生成ＡＩがあらかじめ提案することで、大幅な時間短縮が可能となっています。

野村総合研究所では、システム開発やコンサルティングのプロジェクトを通じて、生成ＡＩの導入が進みつつあります。社内のデータサイエンティストに聴取したアンケート調査（２０２３年5月）によると、具体的なプロジェクトとして生成ＡＩの導入を経験している割合がわかります。生成ＡＩの導入プロジェクトをすでに経験している人が３％、提案をしたことがある人が７％であり、導入の提案を検討している割合が19％でした。導入検討も含めると3割近い割合で生成ＡＩをプロジェクトに組み込む可能性があり、今後、システム開発やコンサルティングの中で生成ＡＩが当たり前のように検討されるようになるかもしれません。

ます。

独自技術による生成AIを提供する日本企業

独自技術によるオリジナルの用途での生成ＡＩモデルを開発する企業も出てきています。音楽系スタートアップ企業のアマデウスコードは、「アマデウスコード（Amadeus Code）」というオリジナル楽曲の生成ＡＩを提供しています。自然言語処理技術を音楽に適用し、誰もが簡単に作曲できるというコンセプトで提供されており、著作権フリーであることから、ビジネスホテルチェーンのＢＧＭの作曲に用いられたりしています。同社は「アマデウストップライン（Amadeus Topline）」という、メロディラインの生成ＡＩも提供しており、こちらは音楽クリエイター向けに、メロディラインの提案を行うことで、専門家の生産性をより高めることを目指しています。

デザイン開発やリサーチ業務を手掛けるプラグは、コンシューマ向け商品のパッケージデザインを生成ＡＩによって提案するサービスを提供しています。生成したデザインが消費者に好まれるかどうかをスコア化する機能もあり、消費財メーカーの商品開発業務を省力化することを目指しています。商品開発担当は、従来のようにパッケージデザインを人の手で作り、レビューの都度デザインをやり直すのではなく、生成

ＡＩにより生み出された大量のデザインアイデアの中から最も優れたものを選ぶだけですむことになり、商品開発に要する時間を短縮し、生産性を高めることができます。

インターネット広告業大手のオプトは、広告の文章や画像を自動生成し、その評価を行うＡＩを開発し、インターネット広告のクリック率を高めるサービスを提供しています。消費者にとってより魅力的な広告を自動生成することで、これまでよりも広告制作にかかる時間を75％削減できると発表しています。従来から運用している自社開発した生成ＡＩと、オープンＡＩのＧＰＴ－４とを組み合わせることでその精度を高めており、２０２４年末までに１５０社への導入を目指しています。

3 生成ＡＩの将来

ポテンシャルの高い日本での導入が進む

急速に進化する生成ＡＩですが、まだ発展途上の技術でもあり、実社会での活用はむしろこれからが本番です。特に現時点の生成ＡＩは、ハルシネーションの問題などから、１００％正しい出力を期待することが困難な仕組みとなっています。単純に生成ＡＩを用いるだけで、あらゆる課題解決を行えるようなレベルにはなっていません。

一方で、ＡＩをアイデア出しの相手とするような用途や、プログラムコードのベースラインを生成するケースなどでは、必ずしも１００％の回答が得られなくとも問題ありません。99％の回答を生成ＡＩが行い、最終判断は人間が行うというような仕事の進め方によって、大幅に生産性を高めることができます。生成ＡＩは、人間を「代替」するものではなく、あくまで性能の高い「相棒」であるともいえます。

生成ＡＩの出現によって、昔のロボットによる自動化のときと同じことが起きているといえるでしょう。ロボットによる自動化が進んだ工業製品の工場でも、すべての工程をロボットが行うことはなく、必要な工程では人間が介在することで生産効率が最も高くなるように工夫されました。生成ＡＩも、要所要所では人間が介在することがその創出価値を最大化するポイントと考えられます。

すでに、マイクロソフトやアドビなどの大手ソフトウェア企業は、自社製品に生成ＡＩの組み込みを進めています。マイクロソフトは生成ＡＩを組み込んだ製品に「Copilot（コパイロット、副操縦士）」という名前を付けていますが、この名付けの意味は、あくまで操縦桿を握る機長は人間であり、それをサポートするのが生成ＡＩであるというスタンスを表しています。

生成ＡＩは、技術革新のインパクトに加えて「使いやすさ」も大きな特長です。誰もが、生成ＡＩを活用して新たな付加価値を生み出すことができます。日本人はＡＩ技術に対する受容性が高く、これらの技術を試し、学び、受け入れる人材が増えれば、その活用においても日本は世界トップクラスになる可能性があるでしょう。

また、生成ＡＩの利用だけでなく、そのＡＩモデルの開発という面でも、今後キャッチアップが進む可能性があります。現時点ではオープンＡＩが構築しているＣｈａｔＧＰＴなどは、そのほとんどの学習機構が英語で行われているとされています。今後、日本語ＬＬＭの開発が進めば、日本語での応答もより進化したものが得られます。

ＡＩ開発を行う専門人材についても、国を挙げてデータサイエンス人材を増やそうという取り組みが進められており、既存人材のリカレント（学び直し）教育を推進する動きもあります。日本は優秀なデータサイエンティストの層も厚く、たとえば世界最大級のデータサイエンスコミュニティである「カグル（Kaggle）」の世界ランキング上位１０００人を国別に順位付けすると、２０２３年5月時点で日本は２５６人を占め世界一となっています。これらの取り組みが奏功し、人材の力を最大限引き出すことができれば、これから世界を変えるような新たなＡＩモデルを生み出すことも夢ではないかもしれません。

生成ＡＩはその「精度の高さ」と「使いやすさ」から、一部の限られた先端企業の話ではなく、むしろすべての企業の競争力向上につながるものであるといえるでしょう。日本には優秀な人材が揃っており、世界を代表する大企業も多く存在しています。すべての社員や企業が当たり前のように生成ＡＩを活用すれば、近い将来あらゆる業務の生産性を抜本的に高めるポテンシャルも秘めています。企業が生成ＡＩを深く理解し、それを自らのビジネスの武器の一つにできれば、その競争力を大幅に強化することも可能となるでしょう。

ファウンデーションモデルによるＡＩ開発の工業化

ＣｈａｔＧＰＴやステーブルディフュージョンをはじめとした生成ＡＩは、今後、ＡＩにどのような影響を与えるのでしょうか。最新の研究成果などから、その将来を展望したいと思います。

これまでのＡＩは、小売り向けのＡＩには小売りのデータを、金融向けのＡＩには金融のデータを収集し、開発されてきました。用途に合わせて、データを揃え学習しているのです。しかし、大規模言語モデルのような生成ＡＩの開発手法は異なります。具体的な用途は想定せず、事前学習としてインターネット上で収集された大量のデータや、ウィキペディアのような辞書に相当するデータ、出版物や論文などの文献を学習させ、ＡＩの「もとになるＡＩ」、つまり「素材」を生み出します。このような

ＡＩを、ファウンデーションモデル（基盤モデル）と呼びます。

ファウンデーションモデルは、これまでのＡＩと比べ、高い汎用性を獲得していま す。しかし、ファウンデーションモデルは、汎用性が高いがゆえに、不都合が生じる場合があります。ファウンデーションモデルにとっては解の候補があまりに多く、絞り込むのが難しいのです。このため、ＣｈａｔＧＰＴは、アライメントと呼ばれる手法によって、人が期待する回答を選択するよう調整されています。アライメントのアイデアは、ファウンデーションモデルを、業界特化型のモデルに調整するための手段としても活用できます。たとえば、銀行員が好む回答を選ぶよう調整を繰り返せば、金融機関ならではのデータの抽出方法や報告書のまとめ方、契約書の確認事項などをプロンプトで逐次指示しなくても実行可能になります。

これは、大規模言語モデルの中に埋もれた有用な知識をマイニング（発掘）しイネーブル（有効化）する効果を生むからです。今後、要約や確認、分析など、特定の作業を行うＡＩは、ファウンデーションモデルをアライメントすることで開発されるようになるかもしれません。

まるで、自動車メーカーが鉄鋼メーカーから鋼材を購入し、車体を製造するように、今後は、ＡＩ企業が開発製造したファウンデーションモデルを購入し、自社のＡＩを開発するようになるのです。一方で、ファウンデーションモデルは、オープンソースによって世界中の協力者の英知を結集し、開発される場合もあります。さまざまなファウンデーションモデルが活用できるようになり、ＡＩ開発の「工業化」は、一段と進むでしょう。

汎用人工知能への第一歩

ディープラーニング研究の権威であるカナダのモントリオール大学のヨシュア・ベンジオ氏は、２０１９年12月、ＡＩに関する世界的な国際学会「ニューリプス２０１９（NeurIPS = Neural Information Processing Systems）」において「FROM SYSTEM 1 DEEP LEARNING TO SYSTEM 2 DEEP LEARNING」と題した講演を行いました。

システム1、システム2という考え方は、カナダの心理学者であるキース・スタノビッチ氏などによって２０００年に発表された論文「Individual differences in reasoning: Implications for the rationality debate？」の中で提唱されました。

スタノビッチ氏は、人の物事の判断は、無意識で高速に処理される「システム1」と、意識的で処理の遅い「システム2」という独立した2つの処理を経て行われるとする「二重過程理論（Dual process theory）」という仮説を唱えました。この理論は、その後、ノーベル経済学賞の受賞者でもある米国の行動経済学者ダニエル・カーネマン氏によって発展し、2011年、『ファスト&スロー』という書籍にまとめられ、一般にも広まりました。

ベンジオ氏は、講演の中でカーネマン氏の書籍を引用しながら、ディープラーニングによって急激に精度が高まった画像認識のようなAIをシステム1になぞらえ、今後は、ディープラーニングは、システム2に向け発展していくと予想しました。ベンジオ氏は、オープンAIの唱えるモデルの大規模化を強く志向する「スケール理論」には否定的でした。また、システム2の実現には、実世界のモデル化や、グラフ理論を活用した記号処理とディープラーニングの融合が必要になると考えていました。

しかし、システム2は、オープンAIの進めたモデルの圧倒的な大規模化の末に、実現し始めたように見えます。人並みのAIを意味する汎用人工知能（AGI＝Artificial General Intelligence）の実現には、まだ多くの課題があると思われますが、生成ＡＩの発展により、人は、実現への糸口をつかみ始めたのかもしれません。

　ベンジオ氏と共に、ディープラーニングの最前線で研究を続けてきたジェフリー・ヒントン氏は、２０２３年4月、グーグルを退社しました。その理由は、生成ＡＩの研究が進めば、人類を超えるような創造性を持ち始めるのではないかという懸念を感じたからといわれています。だからこそ、生成ＡＩの社会実装に向けた提言を発信するため、大企業の研究者の立場を離れ、一人の研究者へと戻りました。

　生成ＡＩをはじめとした、ＡＩの急激な進化は、私たちの予想を超える勢いで進み始めています。あらゆる技術には、メリットとデメリットがあり、そのどちらを重視するかは、技術を活用する側にゆだねられています。生成ＡＩの利活用についても、研究者をはじめ、政府や企業、そして一般市民を巻き込んだ議論の必要性が高まっているといえるでしょう。

田村 初（たむら・はじめ）
野村総合研究所未来創発センター生活DX・データ研究室チーフデータサイエンティスト、（一社）データサイエンティスト協会調査・研究委員。2003年一橋大学商学部卒業、野村総合研究所入社。小売・流通・消費財業界のマーケティング戦略、データサイエンス技術を用いたプロダクト開発などが専門。

長谷 佳明（ながや・よしあき）
野村総合研究所未来創発センターデジタル社会研究室エキスパートストラテジスト。2003年同志社大学大学院工学研究科修士課程修了後、外資系ソフトウェアベンダーを経て、2014年野村総合研究所入社。AI、ロボティクスなどの調査・研究が専門。共著に『AI（人工知能）まるわかり』（日経文庫）など。

広瀬 安彦（ひろせ・やすひこ）
野村総合研究所未来創発センター生活DX・データ研究室エキスパート研究員、（一社）データサイエンティスト協会コミュニティ・ハブ委員。慶応義塾大学文学部、青山学院大学社会情報学研究科博士前期課程卒業。データサイエンティスト育成、WEB広報戦略などが専門。

執筆者一覧

鷺森 崇（さぎもり・たかし）
野村総合研究所未来創発センター生活DX・データ研究室エキスパート研究員。上智大学大学院理工学研究科修士課程修了、野村総合研究所入社。産業・流通分野における先進的なIT技術の調査、コンサルティング、DX推進活動に従事。専門はデータサイエンス、機械学習プラットフォームなど。

塩崎 潤一（しおざき・じゅんいち）
野村総合研究所未来創発センター生活DX・データ研究室長、（一社）データサイエンティスト協会理事。1990年筑波大学第三学群社会工学類卒業、野村総合研究所入社。データサイエンス、マーケティング戦略、日本人の価値観、数理モデル構築などが専門。

鈴木 雄大（すずき・ゆうた）
野村総合研究所未来創発センター生活DX・データ研究室研究員。東京大学大学院数理科学研究科修士課程修了。数理モデル構築、アプリケーション開発、業務コンサルティングを担当。

田村 光太郎（たむら・こうたろう）
野村総合研究所未来創発センター生活DX・データ研究室データサイエンティスト。東京工業大学大学院総合理工学研究科博士課程修了。博士（理学）。データによる社会の可視化やモデリングが専門。

日経文庫
まるわかり ChatGPT & 生成 AI

2023 年 8 月 10 日　1 版 1 刷

編　者　野村総合研究所
発行者　國分正哉
発　行　株式会社日経 BP
日本経済新聞出版
発　売　株式会社日経 BP マーケティング
〒 105-8308　東京都港区虎ノ門 4-3-12

装幀　next door design
本文デザイン　野田明果
組版　マーリンクレイン
印刷・製本　三松堂

ISBN978-4-296-11847-2
Printed in Japan

本書籍に関するお問い合わせ、ご連絡は下記にて承ります。
https://nkbp.jp/booksQA